『人生地理学』の著者　牧口常三郎先生（1871～1944）

牧口常三郎先生 生誕１５０周年記念

「人生地理学」からの出発

はじめに

今年は、現在の創価学会の基《もと》となった創価教育学会の創立者、牧口《まきぐち》常三郎《つねさぶろう》先生の生誕《せいたん》150周年に当たります。

牧口師は1893年（明治26年）、北海道尋常師範学校《じんじょうしはん》（現在の北海道教育大学）を卒業され、長年にわたり小学校で教鞭《きょうべん》を執《と》られてきました。その間、特に力《ちから》を注《そそ》がれたのが地理教育です。その体験を踏《ふ》まえつつ、内外の地理学書を渉猟《しょうりょう》。独自の視点から、それまでのいわば無機質《むきしつ》な地理学に「人生」、特に人間が自然と関わる精神活動ともいうべき魂《たましい》を込《こ》められたのが、1903年（同36年）に出版された大著《たいちょ》『人生地理学』

なのです。

そのため、戦前には次々と版《はん》を重《かさ》ねるなど、特に地理学を究《きわ》めようとする人々からは名著として高い評価を得《え》ていたものです。

しかし、第2次世界大戦後は、地理学の方法論の主流が一時、唯物《ゆいぶつ》論化《ろんか》したこともあって、ほとんど忘れ去られてきました。また、GHQ（連合国軍総司令部）の命令で、「地理」と「歴史」が学校教育で禁止され、いずれも新設の社会科教育の中に埋没《まいぼつ》。独自の方法論や体系を失《うしな》ったことも大きく影響しています。ただ、さすがに1989年（平成元年）には、高校の社会科が地理歴史科と公民科に分離し、2022年度（令和4年度）からは「地理総合」が必修化されるようです。もっとも、中学校は分野別になっているとはいえ、依然《いぜん》としてGHQの命令が尾を引き、小・中学校では相変《あいか》わらず社会科教育の中に埋《う》もれたままになっています。

学校教育における地理教育の目的は歴史教育と比《くら》べ、一般にはどこか分かりにくいところがあるかと思います。文科省では「地理的見方・考え方の育成」としていますが、なかなか判然《はんぜん》とはしません。牧口師も、この問題についてはいろいろ悩《なや》まれたようで、「地理学は科学なりや」など、『人生地理学』の中でも自問自答《じもんじとう》が繰《く》り返《かえ》されています。

実は、地理教育を学校教育に期待するのは、青少年が科学的世界観を世界の人々と共有《きょうゆう》するのに不可欠《ふかけつ》な、基礎的な科学的世界像形成の支援にある、といえます。

世界像とは、頭の中にある「もう一つの世界」のこと。本書で詳述《しょうじゅつ》しますが、日々、自《みずか》ら更新すべきダイナミックなもので、物事《ものごと》を世界的視野に立って判断・評価し、改革・改善していくのに不可欠なものといえましょう。

一方、牧口師は、日蓮を篤《あつ》く敬慕《けいぼ》されながら、単に高僧の法話を聴《き》くというのではなく、法華経《ほけきょう》と共《とも》に、日蓮の著《あらわ》したものを読み、実践し、自ら思索《しさく》を深めていきました。あえて言えば、キリスト教徒の内村鑑三《うちむらかんぞう》が実践した、聖書に依拠《いきょ》し、思索を深める無教会主義の方法に通じる考え方かもしれません。

私は、日蓮を日本が生んだ偉大な哲学者の一人と考えています。内村鑑三が、英文で日本の文化や思想を紹介した5人の『代表的日本人』の一人が日蓮なのも当然のことかと思われます。日蓮の研究者は枚挙《まいきょ》に暇《いとま》がありませんが、日蓮の思想の根底には、何よりも現世の肯定を前提とし、自立し、自律《じりつ》する自我《じが》の確立と慈悲《じひ》、つまりは人間の絆《きずな》を大切にすること、となるのでしょうか。

現世とは、まさに、この地球上に広がる現実の世界。コロナ禍《か》に苦しむ世界中の人々にとって、互《たが》いに助け合うことが今、改《あらた》めて求められています。

『人生地理学』は確かに100年以上前の書物。この間、世界も日本も大きく変わりました。そのため、現代にそぐわない部分も多々あるのは当然です。一方で、牧口師が思慕《しぼ》した日蓮の思想と共に、師の深い思索によって示された現代の世界を見ていく手法もまた、改めて学び直したいものです。

幸《さいわ》い、近年では、文化現象の地理学的視点からの研究が多く見られるようになり、地理学の世界では、少なくとも方法論的に『人生地理学』の再発見の機運《きうん》も感じられます。

これまで毎日の仕事が忙《いそが》しく、人間の生き方をはじめ、地球環境や国際社会との関わり方など、日頃ゆっくり考える機会の少なかった方々もおられることでしょう。コロナ禍でポッカリ空《あ》いた、この持《も》て余《あま》し気味《ぎみ》の空白の時間。牧口師の生誕150周年を機に、今では埋《う》もれたかにみえる師の大著『人生地理学』をひもときながら、こうした問題を一緒《いっしょ》に考えてみようではありませんか。コロナ克服後《こくふくご》の新たな世界への出発を目指《めざ》して！

「人生地理学」からの出発――目次

切手で築こう 現代の世界像

凡例

一、本書は、聖教新聞に2020年4月30日付から同年11月18日付まで8回にわたって連載された「『人生地理学』からの出発――自己を知り、豊かな世界像を築くために」と、「切手で築こう　現代の世界像」(2017年1月31日付〜2020年3月24日付、計32回)を一冊にまとめたものである。

一、編集に際して、章と節を設けて加筆したほか、新たに2章を書き下ろして構成した。

一、本書中の切手(画像)は、すべて著者が収集・所蔵するものである。

一、牧口常三郎先生の略年譜と、本文の参考文献は、巻末に提示した。

装幀・DTP●澤井慶子

「人生地理学」からの出発

第1章　牧口常三郎と「人生地理学」

座談会風にくつろいで

これからお話しすることは、「自然観」や「世界像」など、あまり普段、耳慣《な》れない言葉がいろいろ出てくるので、何か哲学的《てつがくてき》で面倒《めんどう》な話ではないかと気遣《きづか》われる方《かた》がおられるかもしれません。しかし、ご安心ください。「確かに、これまで全《まった》く気付かなかった」ということは、あれこれあるかと思います。また、「そう言われれば、「その通り」と納得《なっとく》されることも多いでしょう。哲学とは本来、そういうものです。どうぞ、座談会に臨《のぞ》まれる気持ちで、お互《たが》いに気軽にくつろいできましょう。

大学教員時代に出あう

私が牧口常三郎師を書物で初めて知ったのは、大学院を出て最初に教壇《きょうだん》に立った鹿児島大学でのこと。当時、地域研究や郷土《きょうど》研究の新たな方法論に関心があって、柳田國男《やなぎたくにお》の日本民俗学について研究している時でした。

鹿児島へは学生時代、友人と九州旅行の際に立ち寄ったことがありました。西南戦争最後の戦場となった城山《しろやま》の目の前にそびえる活火山・桜島の威容《いよう》や、佐多《さた》岬《みさき》の熱帯性植物群落《ぐんらく》に目を見張《みは》ったことを思い出します。

しかし、いざ住んでみると、通りすがりの旅行者とは違って、土地柄《とちがら》など、伝統文化に根差《ねざ》した「民俗」への関心が高まり、これを地理学的視点から捉《とら》えられないかと思ったのです。

やがて、それらが色濃《いろこ》く残る鹿児島の離島の研究を思い立ち、当時、地理学的研究がほとんど手付かずだったトカラ列島へ同僚や学生諸君と共《とも》に毎夏、向かうことになります。なお、調査の成果は、その後、『トカラ列島——その自然と文化』の刊行につながります。『海南小記』などの著書のある柳田國男の日本民俗学について関心を深めたのは、その準備のためでした。

それにしても、牧口師が『人生地理学』という大著《たいちょ》を著《あらわ》し、柳田とも親交があったばかりでなく、かつて五千円札の肖像ともなった新渡戸稲造《にとべいなぞう》の「郷土会」にも名を連《つら》ねていたのを知ったのは驚《おどろ》きでした。牧口師については創価学会の創立者として名前だけは知っていましたが、何とも意外な感じでした。ただ、その時は同じ地理学の研究者として、ある種の親しみを感じるにとどまりました。

いささか不勉強のそしりを免《まぬか》れませんが、少なくともそれまで地理学や地理教

牧口常三郎先生の大著『人生地理学』の初版本（1903年発刊）
©Seikyo Shimbun

育論の研究者として、牧口師やその著作について、大学や大学院の講義やゼミで耳にしたことはなかったのです。

ずっと後になりますが、私の畏友《いゆう》の一人、故・竹内啓一氏（日本地理学会元会長）は、『近代日本地理学史』を海外向けに英文で刊行。その中で「牧口常三郎と仏教」のテーマで、「創価学会の創始者：知られざる地理学者」としつつ、11ページにわたって、かなり詳《くわ》しく紹介しています。

ところで、読者の皆さまも地理学者、あるいは地理教育論の実践的研究者として大変活躍された牧口師を、あまりご存《ぞん》じないかもしれません。また、地理学そのものについて、特にその方法論的な問題や、地理学と人生との関わりなどについて関心をお持ちの方が多くないとしたら、とても残念なことです。

牧口師と地理学の関係

牧口師は評伝《ひょうでん》によると、1893年（明治26年）に北海道尋常師範学校《じんじょうしはん》（現在の北海道教育大学）を卒業され、直《ただ》ちに附属小学校の訓導《くんどう》、すなわち現在の教諭《きょうゆ》に就任《しゅうにん》。96年（同29年）には、あの難関《なんかん》の文部省中等学校教員検定試験の「地理地誌科《ちし》」に合格。翌年には母校の地理科担当の助教諭に任命されています。しかし、附属小学校の訓導は併任《へいにん》していました。

その後、『人生地理学』をはじめ、郷土研究法など地理教育論に関する多くの著作の発表が続きます。

日蓮仏法に帰依《きえ》されたのは1928年（昭和3年）。『創価教育学体系《たいけい》』第1巻の刊行は30年（同5年）です。

このように牧口師は地理学の研究や地理教育の実践者として、その人生の多くを過ごし、特に地理学を通しての教育改革への関心は、郷土科教育の重視を含《ふく》め、極《きわ》めて高かったようです。創価学会も、創立当初《とうしょ》は「創価教育学会」だったのをご存じでしょう。

人間生活の視点から

さて、『人生地理学』を今では電子書籍（聖教新聞社刊）で容易《ようい》に手にすることができますが、原著《げんちょ》は濃《こ》い緑の表紙のある分厚《ぶあつ》いものでした。その具体的な内容は後ほど紹介しますが、明治後期の地理学書としては珍《めずら》しく、「系統《けいとう》地理学」的な手法が取られています。

そこでは、世界の自然とそれに関わる人間の営《いとな》みを、農業や工業など、いわばテーマ別に取り上げ、それぞれを精神活動を含《ふく》む人間の生活、すなわち「人生」の視点から記《しる》したものです。

一般にその頃の日本の地理の書物は、例《たと》えば福沢諭吉《ふくさわゆきち》の『世界国尽《くにづくし》』をはじめ、内村鑑三《うちむらかんぞう》が１８９４年（明治27年）に『地理学考』として出版し、数年後に『地《ち》人論《じんろん》』と改題したものなど、国や地域を総合的にまとめた「地誌」が多く、その集大成《しゅうたいせい》が「世界地理」と呼ばれてきました。

従《したが》って、この『人生地理学』は、「世界地理」が頭の中にある人たち、つまりは後述する世界像がそれなりにできている人たちにとっては、その相互《そうご》の結び付きが理解でき、激動する国際的な動きもよく認識できたと思われます。

志賀重昂の推薦《すいせん》を得る

北海道の小学校で多くの地理教育の実践を積《つ》みながらも、上京当時の牧口師はまだ世間一般に認められていたわけではありません。

幸い、『人生地理学』の出版に際し、志賀重昂《しがしげたか》の知遇《ちぐう》を得て、推薦《すいせん》の辞（原版の序）をもらっています。

札幌農学校出身の志賀は在野《さいや》の地理学者でしたが、世界各地を遊学。新しい地理学を修《おさ》め、地理書『日本風景論』を出版。これが大ベストセラーとなり、当代

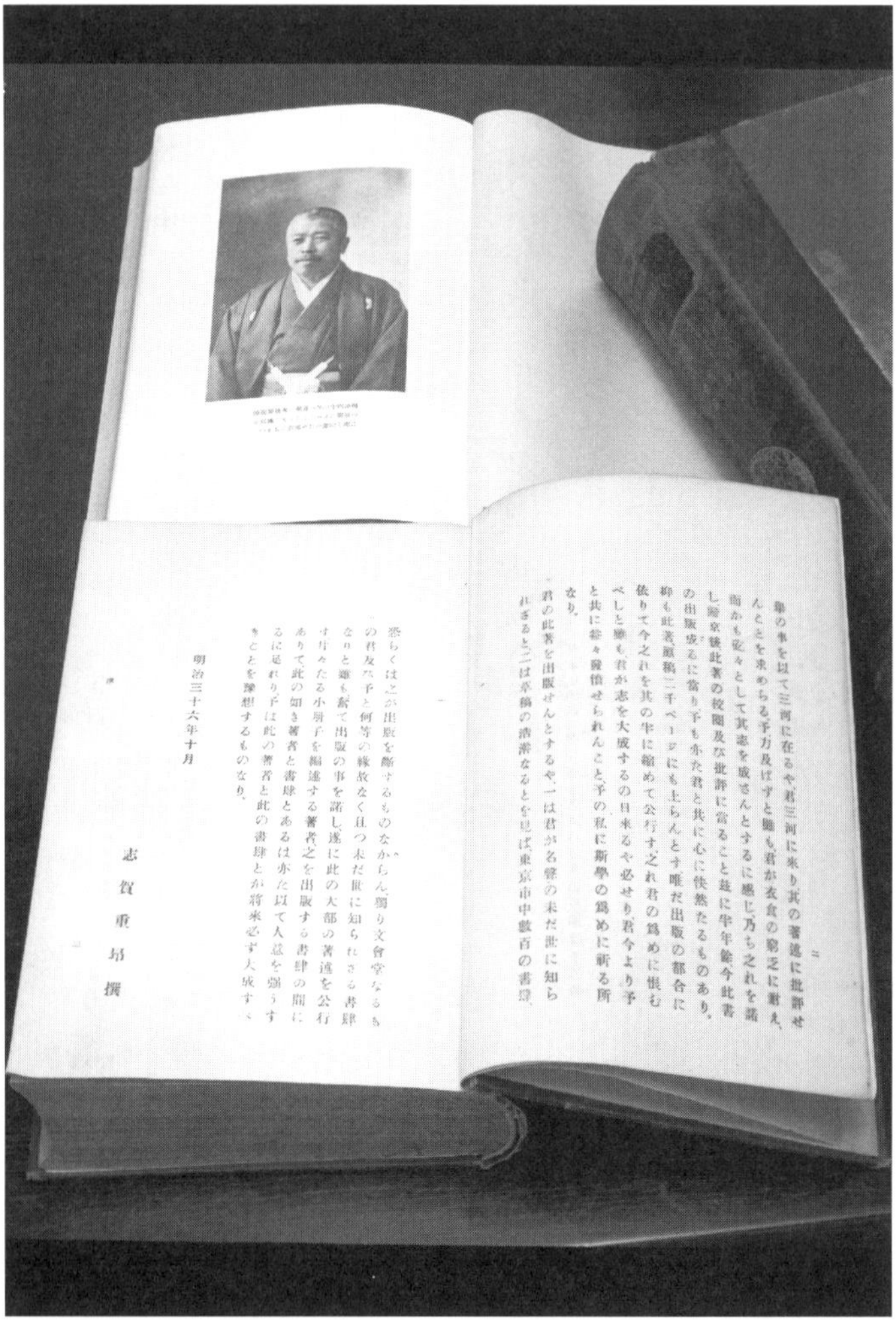

『人生地理学』の序文は、当時、高名な地理学者で『日本風景論』を著した志賀重昂が書いている ©Seikyo Shimbun

きっての著名《ちょめい》な地理学者となっていました。実際、牧口師もこの書物に少なからず影響を受けています。後に「環境決定論」と呼ばれる、当時の地理学の思想を踏《ふ》まえた『人生地理学』の中でも直接、志賀の説を随所《ずいしょ》に引用しているほどです。

「日本風景論」の中身

『日本風景論』が地理学の研究者ばかりでなく、当時、国民的に迎えられたのには、その時代的背景が大いに影響していました。なお、この本は今では岩波文庫の一冊となり、容易に読むことができます。

明治維新後《めいじいしんご》の近代化が進む中で、日清戦争を経た日本人に『日本風景論』は風景観の転換《てんかん》を迫《せま》り、ナショナリズムのよりどころを与えたためでした。それまで多くの日本人は、世界で最も美しい国は清国《しんこく》（中国）である、と思ってきました。床《とこ》の間《ま》の掛《か》け軸《じく》には、しばしば桂林《けいりん》付近の竹の子型の山の絵が飾《かざ》られています。

一種のカルスト地形ですが、日本の石灰岩《せっかいがん》地域で見ることはできません。また、大名や豪商《ごうしょう》、文人たちは、湖南省の景勝地を描いた「瀟湘図《しょうしょうず》」を求め、それへの憧《あこが》れから、いつしか相模湾岸《さがみわんがん》地方の一部に「湘南《しょうなん》」の地名さえ与えたほどでした。

志賀が新しい地理学を学んだのは、実はヨーロッパでも風景観の転換が行われた後でした。

少々余談《よだん》ですが、今、私たちはアルプスの山々を大変美しいと感じ、スイスは憧れの観光地の一つです。しかし、かつてアルプスはヨーロッパを南北に分断する、

アルプスの美しい景観。その威容は、山を仰ぎ、山とともに生きる人々に、畏敬と憧れの念を抱かせる（Alpinedreams/PIXTA）

いわば魔《ま》の山。人々は恐《おそ》る恐るその幾《いく》つかの峠《とうげ》を越《こ》えていました。主要な峠にサン・ベルナールやサン・ゴタール（サン・ゴッタルド）などのように聖者《せいじゃ》の名前が付けられているのも、その表れでしょう。18世紀末のナポレオンによるイタリア遠征《えんせい》では、サン・ベルナール峠を越えてオーストリア軍の奇襲《きしゅう》に成功しています。画家ダヴィッドは軽快《けいかい》に白馬にまたがるナポレオンを描《えが》いていますが、実際には寒さなどで将兵《しょうへい》ともども峠越えにはかなり苦労したようです。そのうえ、アルプスの山麓《さんろく》は氷河に削《けず》られた岩がゴロゴロする痩《や》せた土地。作物も十分に育たず、住民の多くは草をヤギや牛に与え、牧畜《ぼくちく》で暮《く》らしを立てていました。

ヨハンナ・シュピリの小説『ハイジ』には、夏の山小屋の生活が描かれていますが、雪の消えた森林限界上の草原の草もヤギの飼料として大切なものでした。なお、この草原が、本来の「アルプ」です。

そう言えば、ハイジの幼友達《おさなともだち》ペーターも青年になると、やがて働《はたら》き口《ぐち》を求めて故郷を離れ、どこか外国の傭兵《ようへい》に。ちなみにバチカンの門前に立つ衛兵《えいへい》は、今も伝統的にスイスの若者が務《つと》めています。

英国の青年に見習って

こうした貧《まず》しいイメージのアルプスを美しい観光地に転換させたのは、産業革命で豊かになった英国の貴族や実業家の子弟たち。彼らは人生経験を深める修行の一環《いっかん》として、主にイタリアへ向かいました。いわゆる「グランドツアー」です。途中《とちゅう》のアルプス越《ご》えの際、氷河に輝《かがや》く山々や山人の素朴《そぼく》な人情に魅惑《みわく》されます。あえて雪山に挑戦する若者も現れ、アルピニズムが興隆《こうりゅう》。アルプスに対する風景観の大転換が起きたのです。

さて、志賀は自《みずか》ら中部山地などの高山でスポーツ登山を奨励《しょうれい》するとともに、本場のアルプス山脈に劣《おと》らぬ、日本列島の背骨《せぼね》を成す山々の風景美をたたえます。同時に、日本の各地にある富士山のようなコニーデ型の火山の美しさを愛《め》で、日本がいかに風景の美しい国であるかを新しい地理学的知識を援用《えんよう》しつつ展開したのが、『日本風景論』です。彼は、当時の日本人に風景観の大転換をもたらし、結果的にナショナリズムの形成を促《うなが》して人々に迎えられたのでした。

閑話休題《かんわきゅうだい》。このような著名人の推薦もあって、『人生地理学』もまた高く評価され、名著として受け入れられたのです。

次章では、『人生地理学』の内容を少し具体的に見ていきましょう。

第2章　「人生地理学」の概要

『人生地理学』の刊行《かんこう》は１９０３年（明治36年）。その後、版《はん》を重《かさ》ね、手元《てもと》にある聖教文庫は第５版（05年〈同38年〉）によっています。

まず、巻頭の「例言《れいげん》」では、本書の刊行目的や推薦《すいせん》を受けた、『日本風景論』の著者で高名な地理学者、志賀重昂《しがしげたか》への謝辞などが、次《つ》いで「緒論《しょろん》」では、人間と自然の関わりの多様性が述べられ、その実際の姿《すがた》を知る手掛《てが》かりとして、郷土《きょうど》観察の重要性が強調されます。

精神的交渉に力点置く

緒論では、人間と自然との関わりを大切に考える立場から、吉田松陰《よしだしょういん》の「地を離《はな》れて人無《な》く、人を離れて事《こと》無し。人事を論《ろん》ぜんと欲《ほっ》せば、まず地理を審《つまび》らかにせざるべからず」の名言を引用し、「地人はいかに交渉《こうしょう》するか」が論じられます。こうした考え方は「地人相関論《そうかんろん》」とも呼ばれ、前述のように内村鑑三《うちむらかんぞう》も自著《じちょ》の書名を『地人論《ちじんろん》』としています。

牧口常三郎師は、人間と自然の広範《こうはん》かつ多種多様な関係を、「肉体的交渉」と「精神的交渉」に分かりやすく分類しました。

一見、ドキッとする表現ですが、前者は大地に生《せい》を受けた生物の一種としての観点から人類を見た、人間と自然の関係です。後者は人間の精神世界に与《あた》える自然の影響《えいきょう》といえます。

特に「精神的交渉」に力点《りきてん》が置かれていますが、ここでいう自然とは自然地理的な大地ばかりでなく、いわば風景としての自然です。そのため、全《まった》く同じ風景でも、例《たと》えば、農民と詩人や画家では見方や感じ方が同じはずはないとし、「ひとり自然界の事物《じぶつ》においてのみならず、人事界の現象においても、またそれに対する人々によりて、その交渉の方面を異《い》にするを観《み》る」と書いています。

そして、この精神的交渉の形態を、①知覚的交渉 ②利用的交渉 ③科学的交渉 ④審美《しんび》的交渉 ⑤道徳的交渉 ⑥同情的交渉 ⑦公共的交渉 ⑧宗教的交渉――の八つに分類。

結論として、人間と自然の交渉は、ある程度までは同じでも「各方面の交渉の程度は、その地方の性質と、これに対する人民の性質とによりて異《こと》なるものなり」と断《だん》じます。当然のことともいえますが、私が後に章を改《あらた》めてお話しする世界観や世界像とも関わることなので紹介させていただきました。

日本人と太陽の関係

本文は全34章から成《な》り、第1章から第13章までが第1編「人類の生活処としての地」で、「日月および星」から始まります。地球、島嶼《とうしょ》、山岳、平原、海洋、海岸などが個々に扱《あつか》われ、それらの人間生活との関わりが述べられます。

例えば、太陽は単に天体としてではなく、あくまでも人生との関わりで論じられ、特に「日本人と太陽」の節を設《もう》け、「国号を『日本』となし『日の丸』を国旗となし（中略）日本国民は、太陽と一種独特の交渉を表するものと謂《い》うべし」の一節が目を引きます。

楽しく読める地理学書

第14章から第19章までが第2編です。「地人相関《そうかん》の媒介《ばいかい》としての自然」が、それぞれ個別に論じられていきます。牧口師の言われる「媒介」、すなわち、私たちの地球を構成する諸要素――地質、大気、気候から始まり、さらに植物や動物とともに、自然人類学的な扱いによる人間が取り上げられています。

なお、「地人相関」とは先にも触《ふ》れましたが、当時、地理学的によく用いられた言葉で、その地域の自然と人間生活との相互《そうご》関係といった考え方です。

第16章「気候」では、自然地理学的な説明の後で、例えば「雪と人生」などの節があって、「雪景」が取り上げられ、紀貫之《きのつらゆき》の「雪ふれば　冬ごもりせる　草も木も　春にしられぬ　花ぞ咲《さ》きける」の和歌まで登場します。

第17章「植物」や第18章「動物」についても、その個々の有用性を具体的に述べた後で、「植物の人生に対する精神的方面」の節を設け、牡丹《ぼたん》や桃《もも》、桜など、私たちがよく目にする植物について、それぞれにちなむ古歌を添《そ》えています。

蓮《はす》のところでは、「はちす葉の　濁《にご》りにしまぬ　心もて　なにかは露《つゆ》を　玉とあざむく」と、『古今和歌集』にある僧正遍昭《そうじょうへんじょう》の有名な夏歌も。そのため、とかく堅《かた》いイメージの地理学の書物とは思えぬほど、楽しく読むことができます。

これまでも、人々の生活と関わりの深い動植物を個々に取り上げた地理学の書物として、『純粋《じゅんすい》理性批判』などで知られ、科学的認識について論じたドイツの哲学者、イマヌエル・カント（1724年〜1804年）の『自然地理学』がありま す。今では和訳でも読めますが、一般の読者はもちろん、カント哲学のよほど熱心な研究者はともかく、日本のほとんどの哲学者は、この書物自体に関心がないかもしれません。

世界的視野の国家論

第20章から第29章は第3編「地球を舞台としての人類生活現象」で、社会や諸産業の立地論に及《およ》び、さらに、国家や都市、人情、風俗、文明などにも筆《ふで》が進められていきます。

前半は主に社会や産業、交通などを地理学的な視点で言及《げんきゅう》した内容ですが、後半は「国家地論」（第25章）や「人情風俗地論」（第27章）など、ややユニークなものです。

第28章「生存競争地論」では、人類史を俯瞰《ふかん》しながら、国際社会の在《あ》り方《かた》は軍《ぐん》事的《じてき》競争、政治的競争、経済的競争をへて、これからは人道《じんどう》的競争を目指《めざ》すべき、と訴えています。利己《りこ》主義を目的とするのではなく、共同生活を意識的に行うように、自分と他者が共に繁栄《はんえい》する道を歩《あゆ》むよう呼《よ》び掛《か》けているのです。詳《くわ》しくは後ほど述べますが、まさに日蓮の思想ではないでしょうか。

「国家地論」は、国家の職能や目的などから入《はい》りますが、あまり耳慣《な》れない言葉で、通常の国語辞典には見られません。しかし、単なる「国家論」ではありません。世界的視野《しや》から、日本をはじめ諸国家の特性を比較《ひかく》しつつ論じたもので、政治地理学的な内容が中心です。同時に、最近、ジャーナリズムでよく使われる「地政学」の考え方も見られます。

考えてみれば、私たちは20世紀、実に多くの国家の興亡《こうぼう》を見てきました。第1次世界大戦後のハプスブルク帝国の解体と民族国家の独立に始まり、第2次世界大戦後の東南アジアやアフリカからオセアニア、カリブ海の島々に至《いた》る100カ国を超《こ》える国々の誕生。一方で、ソ連やユーゴスラビアなどが、信じ難《がた》いほど、あっけなく解体したのも驚《おどろ》きでした。

日本も戦後、大きく変貌《へんぼう》しましたが、その割《わり》には世界的視野に立った憲法論や比較国家論の研究が、政治地理学を含め、あまり活発とはいえません。幾《いく》つかの領土問題など、国際問題を抱《かか》えるとともに、多くの自然災害や、解決を迫《せま》られている社会的諸問題が少なくないとしても、日本が国家として極《きわ》めて安定してきたことも一因《いちいん》でしょうか。

確かに、国家の総合的指標《しひょう》ともいえる通貨「円」が国際的に一定の信用を得ているのを見ても、このことはうなずけます。とはいえ、『人生地理学』に触発《しょくはつ》され、国際関係論や国際政治地理学研究の新たな発展が期待されるところです。

地理教育の現場を嘆《なげ》く

第4編が「地理学総論《そうろん》」（第30章から第34章）となり、地理学の概念《がいねん》やその発達史、研究法、そして『人生地理学』の科学的な位置づけなどとなります。

ここでは、特に第33章の「地理学の研究法」で、地理が教育現場では単なる暗記科目となっているのを嘆《なげ》くとともに、その研究法も他の諸科学と同様、記載《きさい》から比較、統合《とうごう》へと発展すべきとしています。

地理教育については特に力点《りきてん》が置《お》かれ、その発展についての具体策は、後に刊行された『教授の統合中心としての郷土科《きょうどか》研究』（1912年刊）へ続きます。

今に通じるメッセージ

全編は格調《かくちょう》高い文語体ですが、文庫版や電子書籍では適宜《てきぎ》、脚注《きゃくちゅう》が施《ほどこ》され、読者の便《べん》が図《はか》られています。

いずれにしても100年前の著作なので、現代の世界と大きく異なるのは当然ですし、現代の思潮《しちょう》にそぐわない部分もみられることは否《いな》めません。しかし、牧口師が本書に込《こ》められた基本的なメッセージは、今も大変に貴重《きちょう》なものといえましょう。それでは一体、牧口師の地理学思想のうち、現代の私たちは何を、どのように継承《けいしょう》し、発展させていけばよいのでしょうか。

そして、何よりも思想としての地理学の可能性について、さらに、できることなら私の発生的地理教育論のささやかな研究も含《ふく》め、牧口師が地理学や地理教育の研究から、どのようにして創価教育論に到達《とうたつ》されたかについて、章を改めて、皆さんと一緒に考えていきたいと思います。

第3章　継承・発展させたい研究課題

評価の紆余《うよ》曲折《きょくせつ》を経《へ》て

前章でお話ししたように、『人生地理学』は極《きわ》めてユニークで示唆《しさ》に富《と》んだ地理書です。そのためもあって、この100年間の地理学界の動向を反映し、その評価にはさまざまな曲折《きょくせつ》がありました。

今回は、その流れを踏《ふ》まえながら、特に現代に求められている地理学や地理教育論への視点《してん》を含《ふく》め、今後さらに発展させたい研究課題《かだい》を中心に、『人生地理学』の新たな意義を述べたいと思います。

手元の文庫版には、当時、京都帝国大学地理学教授の小川琢治《たくじ》氏（ノーベル賞物理学者、湯川秀樹の父）の好意的ながら、〃『人生地理学』の書名にはなじみにくい〃との書評が収録され、これに対する牧口常三郎師のコメントも見られます。なお、『人生地理学 5』の巻末にある「人生に及《およ》ぼす地理学的影響《えいきょう》」で、その全文を読むことができます。

刊行《かんこう》当初から他にも多くの好意的な書評が寄せられました。昭和初期には日本民俗学の研究者にも注目されます。この名著に関する人々の関心は高く、版《はん》が重《かさ》ねられ、論評も多く見られたものです。

しかし、第2次世界大戦後はほとんど忘れ去られ、私が偶然《ぐうぜん》、『人生地理学』を知り、改めて関心を強めたのは1970年代に入《はい》ってからのことです。そのささやかな成果を、76年の鹿児島大学の公開講座で、牧口師を柳田國男《くにお》と共に「教

「地域と教育」研究会編『地域と教育』。この中で著者は「柳田（國男）とともに『郷土会』のメンバーであった牧口常三郎もまた教育者であり、教育の革新には並々ならぬ関心をもっていた。とくに、彼の『郷土教育論』には今なお傾聴すべきところが少なくない」と書いている

育の革新的《かくしんてき》実践者」として紹介。他の講演者の記録と一緒に『地域と教育』として出版したのを思い出します。

その後、78年には茨城大学や専修《せんしゅう》大学などで地理学の教授を歴任した國松久彌《くにまつひさや》氏が、『「人生地理学」概論《がいろん》』なる書物を第三文明社から刊行しました。ただ、この本には、『「人生地理学」のうちに前提されていると思われる哲学的、教育学的な思想や、見解《けんかい》については全《まった》く触《ふ》れるところがない」と、「はしがき」で断《ことわ》っています。

確かに、前章で紹介した「太陽」についての記述をはじめ、いわば伝統的思想や文化を通して見た自然の意味付け、別の言葉で言えば「風景としての自然」を随所《ずいしょ》で取り上げているのが『人生地理学』の大きな特色です。そのため、こうし

た特色を取り去ると、まるで魂《たましい》の抜《ぬ》けた〝骸論《がいろん》〟になってしまいますが、これが当時の地理学界の一般的な風潮《ふうちょう》でした。

志賀重昂の理論深める

当時の地理学界でも、一般に自然環境《かんきょう》の人間への関わりは重視しますが、その自然とは、いわば「物理的な存在としての自然」です。

『日本風景論』を著《あらわ》した志賀重昂《しがしげたか》は、特に山岳《さんがく》などの自然環境を「風景」として捉《とら》え、西欧の新しい「風景観」で日本列島を見直しました。彼に私淑《ししゅく》していた牧口師は、その考え方をさらに一歩進め、真正面から徹底的に深めたといえそうです。

しかし、自然環境に感情移入することは戦後しばらく、日本の地理学界ではあまり肯定的には見られなかったのです。こうした中にあって、70年代にアメリカの中国系《けい》地理学者、イーフー・トゥアンが提起《ていき》した「トポフィリア」の概念《がいねん》が日本でも紹介され、地理学の思想に大きな影響を与えました。

トポフィリアの先駆者

「トポフィリア」とは、一種の合成語です。「トポス（topos）」はギリシャ語で「場所」を意味します。「フィリア（philia）」は、ここでは「偏愛《へんあい》」でしょうか。誰《だれ》でも故郷《こきょう》や長く住んでいた街には、何か特別な愛着があるはずです。もし、海外などで生活すれば、これは母国にまで拡大するでしょう。

やや長期にわたる海外生活を体験した人たちは、しばしば「愛国者」となって帰ってくるとか。それほどでなくとも、海外旅行で改めて日本の良さを、あれこれ感じられた経験をお持ちの読者はおられるはずです。

一方、何か忌《い》まわしい言い伝えのある山や森なども、ネガティブな「トポフィリア」に当たります。要は、ある土地に対する人々の情緒的《じょうちょてき》なつながり、あるいは思い入れにほかなりません。

日本地理学会元《もと》会長の故・竹内啓一氏が2003年、東洋哲学研究所主催の『人生地理学』発刊100周年記念の講演で指摘《してき》したのは、このことです。すなわち、牧口師は100年前に、すでにトポフィリアの思想を大胆《だいたん》に展開していたというのです。

実《じっ》は、これは「世界像」の形成と関わる、とても大事な問題なので、後ほど再《さい》度《ど》、述べたいと思います。このことは牧口師の思想を継承《けいしょう》・発展させるための重要な課題の一つなのです。

地理教育の経験を反映

もう一つ、『人生地理学』から継承・発展させたい大きな課題は、何と言っても地理教育論に関する問題です。地理学的な知見《ちけん》や手法は行政や外交ばかりでなく、身近な災害対策や防災・減災《げんさい》など、その応用面は広がります。

最近は「防災教育」などが強調されていますが、近年、各地で頻発《ひんぱつ》する水害などに対しては、少々、地理学の知識があれば、多くの場合、予知《よち》が可能です。また、住居を決める際にも、浸水《しんすい》が予想される所は、あらかじめ避《さ》けることができるでしょう。

同時に、地理教育は人間形成とも関わる、初等・中等教育にも欠《か》かせない地理学の応用分野です。

長年にわたる教育現場で得られた、多様な地理教育の経験を反映した教育諸説《しょせつ》——これこそが『人生地理学』とともに、その後に続く牧口師の諸著作の最も貴《き》重《ちょう》な部分かと思われます。

この問題については、子どもの発達との関わりで、私自身の研究を含《ふく》め、後の章でじっくり考えていきたいと思います。

郷土研究への強い関心

『人生地理学』では地理教育の効用やその改革が述べられていますが、その後、『教授の統合《とうごう》中心としての郷土科《きょうどか》研究』の刊行に見られるように、牧口師の郷土研究への関心は非常に強いものがありました。郷土を全《すべ》ての分野にわたって調査・研究すれば、世の中がおのずと分かってくるとの主張です。

確かに、これには一理あると思われます。

特に防災との関わりで、その地域一帯で過去に起きた津波や火山活動など、災害の伝承《でんしょう》を調べ、当否《とうひ》はともかく、その前兆《ぜんちょう》なども含めながら継承していくのは、教育的に意義のあることに違いありません。

しかし、人口移動が激《はげ》しく、都市化が急速に進んだ現在、都市機能は複雑で、少なくとも大都市の子どもたちにとっては手に負《お》えないものです。

一方、過疎化《かそか》の進む農山漁村も、明治・大正期からは大きく変化しており、その社会的・経済的諸事象を仮《かり》に教材化しても、特に小・中学生の場合には皮相的《ひそうてき》な理解にとどまるでしょう。

机上から野外の学習へ

このような郷土研究を野外調査に置《お》き換《か》えて考えると、大きな可能性が見えてきます。机上《きじょう》の研究や学習から実際の現場、あるいは野外への転換《てんかん》です。子どもたちも大喜びのはず。

実は、地質学や考古学はもちろんですが、現代の地理学も、生態学《せいたいがく》や文化人類学と同様、研究に不可欠《ふかけつ》なのが、通常、フィールドワークと呼ばれる、この野外調査です。

分かりやすい例《れい》を、次に示しましょう。

人気番組の「ブラタモリ」

ＮＨＫの人気番組「ブラタモリ」は、このフィールドワークの意義や手法を楽しく伝えてくれます。

番組では全国の諸地域、時には海外に出《で》掛《か》け、地元の各分野の研究者や、その道の専門家などの協力を得《え》ながら進めます。

その際、あらかじめ結論を「なぜ?」と示し、具体的な資料をもとに解《と》き明《あ》かしていくもの。地形や地質の観察をはじめ、普段、

フィールドワーク（野外調査）をもっと取り入れることで、人間形成にも関わる地理教育の大きな可能性が見えてくる、と著者（写真は、2004年の東京創価小学校のサマーセミナーから）©Seikyo Shimbun

人々があまり気付かずにいる、わずかな土地の高まりや道路の変化なども見逃《みのが》しません。こうして久《ひさ》しく埋《う》もれていた事実を掘《ほ》り起《お》こし、その地域に対する新たな視点なり、特色なりを浮《う》き上《あ》がらせていくものです。

これは、まさに仮説を検証するためのフィールドワークにほかなりません。番組では、その土地の多数の研究者が前もって資料を準備していますが、もちろん、実際の研究では個人やグループが自《みずか》ら手掛《てが》かりとなる資料を掘り出し、観察・分析していくことになります。

確かに学校教育でのフィールドワークでは、児童・生徒の発達段階に応じた多様な指導技術が必要です。

そのための具体的な手法などについては、日本地理教育学会等で多くの提言や研究成果が報告されていますが、小・中学校の「社会科」の枠《わく》の中ではその実践が制約され、期待通りに運べないのが残念です。

第4章　地理学の考え方と人生

暗記科目に苦労しつつ

学問としての地理学はともかく、例《たと》えば「所変《ところか》われば品《しな》変わる」や「郷《ごう》に入《い》れば郷に従《したが》え」など、地理的な考え方は意外に日常的に見られるものです。しかし、牧口常三郎師も『人生地理学』の中で嘆《なげ》かれているように、学校教育では「歴史」とともに「地理」は「暗記科目」と呼《よ》ばれ、とかく試験前夜の暗記力を競《きそ》う学科と見られがちです。

「歴史」でも、例えば年代を覚《おぼ》えるために昭和生まれの世代では、「いいくにつくろう鎌倉幕府《ばくふ》」として鎌倉幕府の成立年「１１９２年」を引き出していたものです。もっとも、最近の日本史学の研究者によると、この年は源《みなもとのよりとも》頼朝が後鳥羽《ごとば》天皇から征夷《せいい》大将軍に補《ほ》せられた年で、鎌倉幕府の成立年ではないというのが史学界の通説だとか。その結果、最近の教科書では、頼朝が諸国に守護・地頭《じとう》を置き、実質的に全国の支配者となった１１８５年（文治元年）をもって、鎌倉幕府成立の年とされているようです。

一方、「地理」とは、地名や特産品を覚えることと考えられ、例えば「北海道の産物は、ニシン、サケ、マス、タラ、カニ、コンブ」などと、歌のように節《ふし》を付けながら覚えられた年配の読者もいらっしゃるのでは……。その甲斐《かい》あってか、青森のリンゴや鹿児島のサツマイモなど、各県の〝登録商標《しょうひょう》〟になった例《れい》も。

もし、これらが栽培風景の中で捉《とら》えられれば、一歩前進です。

鉄道唱歌は地理教育!?

その極《きわ》め付《つ》きは、あの懐《なつ》かしい「汽笛一声新橋《きてきいっせいしんばし》を……」で始まる、大和田建樹《おおわだたけき》作詞の鉄道唱歌《しょうか》かもしれません。

宇和島鉄道で最初に走った機関車の模型。鉄道唱歌の誕生100周年を記念し、作詞した大和田建樹の出身地、愛媛県宇和島市に復元された

この歌は1900年（明治33年）に出版されたもので、正式には『地理教育鉄道唱歌第1集』になります。

作詞者の大和田は愛媛県生まれの国文学者で、東京高等師範《しはん》学校（現在の筑波大学）、東京女子高等師範学校（現在のお茶の水女子大学）の教授。新橋から始まって神戸まで、各駅停車どころか、途中、横須賀線などの支線も含《ふく》め、歌詞は66番まで。余興《よきょう》で全曲歌えた人もいたようですが、聞く方《ほう》も大変だったでしょう。

これは「東海道編」で、他に「山陽・九州編」「奥州《おうしゅう》・磐城《いわき》編」「北陸編」など、各地の幹線編もあったようです。どこまで歌えるかはともかく、ここまでくると、もはや単なる暗記の手段とはいえません。

歴史学の対《つい》となる学問

地理学は、古くから「地理の東西、歴史の古今《ここん》」と、セットのようにいわれてきました。学校教育でこそ人気はなくとも、地理や歴史を一種の趣味のようにしている人には意外によく出会います。先ほどの「ブラタモリ」に出演する郷土史家たちもそうですが、鉄道唱歌の作詞者も専門は国文学でも、地理や歴史が趣味だったのかもしれません。

しかし、「歴史とは何か」「地理とは何か」と改めて聞かれると、すぐには答えにくいはず。学問としての歴史学は確かに難《むずか》しく、そこには過去の諸事象《しょじしょう》をどのように拾《ひろ》い出し、解釈《かいしゃく》し、概念化《がいねんか》していくか、先に挙《あ》げた鎌倉幕府の成立年代の変化をみても、お気づきでしょう。歴史学には、一つの原理のようなものがあります。「史観《しかん》」と呼ばれていますが、一つの哲学です。

戦前は「皇国史観《こうこく》」が幅《はば》を利《き》かせていました。鎌倉幕府の成立年代を考えるのに、頼朝が後鳥羽天皇からの征夷大将軍というお墨付《すみつ》きを優先したところなどは、かつての皇国史観の名残《なごり》だったのかもしれません。一方、戦後しばらくは、科学的社会主義を標榜《ひょうぼう》し、「マルクス史観」や「唯物史観《ゆいぶつ》」に立つ研究者が多く見られたものです。そこでは、マルクスの『資本論』を学術論文としてではなく、一種の〝聖典〟のように捉えたため、非常に硬直《こうちょく》した無機質《むきしつ》ともいえる歴史像が描《えが》かれることになります。

起源は古い哲学の一つ

実《じつ》は地理学もまた一つの哲学です。詳《くわ》しくは後ほど述べますが、世界観と直接かかわるからです。

『人生地理学』でも第7章「平原」の中で平原を区分するために引用しているドイツの哲学者、G・W・F・ヘーゲル（1770年〜1831年）の『歴史哲学講義』には、「世界史の地理的基礎《きそ》」が述べられています。

確かに、どれほど詳しい歴史が語られても、それが一体、どこで起きたことなのか明らかでなければ、単なる唐天竺《からてんじく》の昔話《むかしばなし》に終わってしまいます。

かつて文科省が推進した「ゆとり教育時代」に高校のカリキュラムでは、「世界史」を必修とし、「地理」や「日本史」を選択科目にしたことが続きました。体験された方も少なくないでしょう。ヘーゲルを持ち出すまでもなく、何とも奇妙なカリキュラム編成です。

この間、「日本史」を選択する生徒が多かったようでした。そのため、世界地理の基礎的な知識があまりにも乏《とぼ》しいために、「世界史」の授業が進めにくいとする現場の教師が多かったのも十分、うなずけます。地域的なつながりが分かってはじめて、世界史が成り立つからです。

地理学の起源《きげん》は古く、歴史学とともに、そのルーツは古代ギリシャに。日本でも『古事記《こじき》』や『日本書紀』は歴史学のルーツといえるでしょうし、各地の由来《ゆらい》や産物などを集めた奈良時代の地誌《ちし》『風土記《ふどき》』は、日本における地理学の最初の姿《すがた》と見ることができます。

それにしても、地理や歴史はなぜ、このように古くからあったのでしょうか。

人生の3つの疑問から

人間は、どうしても物事やその因果《いんが》関係を考えてしまいがちなもの。それなり

画家ゴーギャン（右）と晩年の傑作「我々はどこから来たのか　我々は何者か　我々はどこへ行くのか」（仏領ポリネシアの切手、1985年）

の説明がつくと一応、安心します。その体系《たいけい》の一つが神話です。『古事記』は、その一例に過ぎません。

〃考える人間〃には当然、多くの疑問があります。こうした疑問を集約すれば、「自分は何か」「どこにいるのか」「どこへ行くのか」になるはずです。画家ゴーギャンの遺作《いさく》では、最初の問いが「我々《われわれ》はどこから来たのか」になりますが、同じような疑問です。多くの神話も学問も、方法こそ違っていても、これらの疑問から出発しています。

まず、「自分は何か」からは、その後、哲学とともに歴史学や生物学、心理学などが生まれました。自分のルーツを探《さが》し、現在の立場を納得するためです。「どこにいるのか」は、天文学とともに何より地理学形成の動機といえるものです。もちろん、これらの学問から多様な学問が派生《はせい》していきます。しかし、「どこへ行くのか」は、当然のことながら死後の世界の話で、実証科学の方法では封印《ふういん》されたまま。ただ神話や宗教は観念で結論が出せるので、この疑問に対しても早くからそれぞれ満足のいく答えを、信じる人々に出しています。

私たちは、どこにいるのか

私たちは一体、どこにいるのでしょう。

東京とか日本などというのは、ここでは大して意味がありません。この場合、「この世」とか「現世」の方が適当でしょう。もちろん、古代からこうした疑問に対しては、いろいろな考え方が示されてきました。

真言密教《みっきょう》の両界曼荼羅《りょうかいまんだら》をそのように考える向きもありますし、須弥山《しゅみせん》を中心とした古代インドの壮大《そうだい》な世界観は、このことをもう少し具体的に示しています。

しかし、これらは共に極《きわ》めて観念的なものと感じる人も少なくありません。

現代の私たちは日常的には、科学的世界観に立って物事を判断しています。また、世界的に見ても、通常の学校教育は科学的世界観を基礎としていますので、世界中の人たちが一応、これを共有しているとみることができましょう。

例えば、地球の温暖化《おんだんか》とその対策について、あるいは新型コロナウイルスへの対応に関しても、解決に向かって国際的に話し合えるのは、そのおかげだといえます。

世界観とは、私たちがいる世界をどう見るかということです。この問題は『人生地理学』の牧口師の思想とその発展を見るうえでも大切なことなので、後でもう一度、掘《ほ》り下《さ》げて考えたいと思います。

科学的世界観のルーツをどこに求めるかについては見解《けんかい》が分かれるとしても、少なくとも地理学については古代ギリシャとみてよさそうです。

英語の「Geography」もフランス語の「Géographie」も、共にギリシャ神話の「大地の女神」ガイア（Gaea）を語源《ごげん》にした「Geo」に由来。これは「大地」、さらに「地球」を意味します。

実際、地球が球状であることや、その大きさなどについても、既《すで》に古代ギリシャでは、例えば紀元前に活躍した学者のエラトステネスなどが1割程度の誤差《ごさ》で測定しています。

こうした客観的、科学的な思考が中世のヨーロッパでは著《いちじる》しく後退。その復活がルネサンス期以降なのは、ご存《ぞん》じの通りです。

「世界の姿」を求めて

先ほど述べたように、地理学は英語で「Geography」。これを見て、「おや?」と思われる方も。確かに、学問には「Physics」（物理学）や「Mathematics」（数学）のようなものもありますが、「Biology」（生物学）や「Psychology」（心理学）のように「logy」が付くのが一般的。「graphy」が付くのは、差し当たり、「Oceanography」（海洋学）でしょうか。

一方、「Geo」に「logy」を付けて「Geology」とすると、「地質学」となります。

前述のように、「Geo」は「大地」「地球」の意味で、「graphy」は「記述したもの」。従《したが》って「Geography」を直訳すれば、「地球を記述したもの」であり、「世界の姿」ともなるでしょう。地理学の歴史は、いわば、世界の姿――世界像を索《もと》める歴史といえます。ヨーロッパ人による大航海時代は、そのための大運動ともなりましょう。

大切なのは、世界像は単に大陸や海、島、山だけでなく、気候や動植物、そして、何よりその多様な大地とそれぞれ折り合いをつけながら独自の生活様式、すなわち、文化を組み立てつつ生きている人類集団の個々の姿にも注目することなのです。『人生地理学』は、ここに重点が置かれているのは、もちろんです。

フランスの地理学者、ポール・ヴィダル・ドゥ・ラ・ブラーシュ（1845年〜1918年）は、これに「人文地理学」という概念《がいねん》を与えており、その和訳は岩波文庫でも読むことができます。

いずれにしても、この同じ地球の表面で他の動植物と深く関わりつつ、それぞれの場所で、さまざまな形で、多様な人々の生活、つまりは人生が重《かさ》なり合っている姿こそ、現代の世界像なのです。

それでは、個人にとって地理学や世界像はどのように形成され、どのような意味を持っているのでしょうか。次章で考えてみましょう。

第5章　子どもの発達と「地理」

「心の日本橋」が起点

とかく暗記科目として敬遠《けいえん》されがちな学校教育での「地理」ですが、ここでは少し視点《してん》を変えて、いわば子どもの側《がわ》から、その成長を追《お》って地理の本質を考えてみましょう。

今では首都高速道路が横断しているため、ガード下のようになってしまった東京・

日本橋。この橋の中央部には、今も「日本国道路元標《げんぴょう》」の真鍮《しんちゅう》板が埋《う》め込《こ》まれています。

日本橋は、国道1号線（東海道）をはじめ、4号線（日光街道）、17号線（中山道《なかせんどう》）など、7路線の起点です。歌川広重の風景版画集「東海道五拾三次之内」も「日本橋　朝《あさ》之《の》景《けい》」から始まります。

さて、私たちが乳幼児《にゅうようじ》の頃を思い浮かべてください。這《は》い這《は》いや、おぼつかない足取りで歩き始めた、この最初の自発的な空間行動の起点はどこでしょうか。申すまでもなく、母親の懐《ふところ》でした。母親の懐こそ、私たちの「心の日本橋」なのです。よちよち歩きを始めた子どもも、すぐに母親の元に戻《もど》ります。

歌川広重「東海道五拾三次之内　日本橋　朝之景」
（東京富士美術館蔵）

やがて行動範囲《はんい》が広がり、近所の子どもたちと遊べるようになると、その起点は「ぼくんち」「あたしんち」に拡大します。怖《こわ》い犬やいじめっ子に追《お》い掛《か》けられても、ここへ逃《に》げ込《こ》めば、もう何の心配もありません。成長するにつれ、それは郷里《きょうり》となり、母国ともなるでしょう。

児童世界観で生きる

幼い子どもたちには、この世界が独自《どくじ》の姿《すがた》に映《うつ》り、感じられてもいます。親と一緒に同じ家に住んでいる子どもたちが、実《じつ》は親とは異《こと》なる世界を見ている、と言われると、何か奇妙《きみょう》に聞こえるはずです。

しかし、考えてみれば至極《しごく》当然な話で、幼児が多くの人生経験を積《つ》んだ大人と同じような世の中の見方や考え方ができるはずもありません。

幼児にとっては、二足歩行のできる「3匹《びき》の子ぶた」にも全《まった》く違和感《いわかん》はありません。また、太陽はニコニコ笑っているのが普通です。お人形さんとはもちろん、アリさんや小鳥たちとも自由に会話が楽しめます。庭《にわ》やベランダでは、機関車のトーマス君も元気に活躍中！

アニミズムとも呼《よ》ばれますが、こうした子ども時代の独特な見方や考え方を「児童世界観」と呼び、体系的《たいけいてき》に研究したのがスイスの児童心理学者、ジャン・ピアジェ（１８９６年〜１９８０年）でした。ただ、この高名な児童心理学者も、なぜか子どもの「地理」の発達にはあまり関心を払《はら》わなかったのが不思議です。

一方、１９７９年に発刊された米国のロジャー・ハートによる『子どもの場所の体験』（Children's Experience of Place）は、私にとって大変、刺激的《しげきてき》でした。彼は子どもの世界を、いわばフィールドワークによって探検《たんけん》します。子どもは、例《たと》えば廃屋《はいおく》の一角や、時には校内の目立たない所へ隠《かく》れるようにして仲間と入《はい》り込み、ゲームをしたり、おやつを食べたりします。今では一般に「秘密基地」などと呼ばれていますが、これもハートによって概念化《がいねんか》されました。

「児童世界像」を提唱

私は、こうした子どもの空間行動圏の広がりを、さらに一歩進め、自分でコントロールできない知覚的・空想的な部分を含《ふく》め、「児童世界像」として捉《とら》え直し、地理教育論の基礎理論にしたいと考えました。

『発生的地理教育論――ピアジェ理論の地理教育論的展開』として、古今書院から出版したのがそれで、この章の下敷《したじ》きになっています。

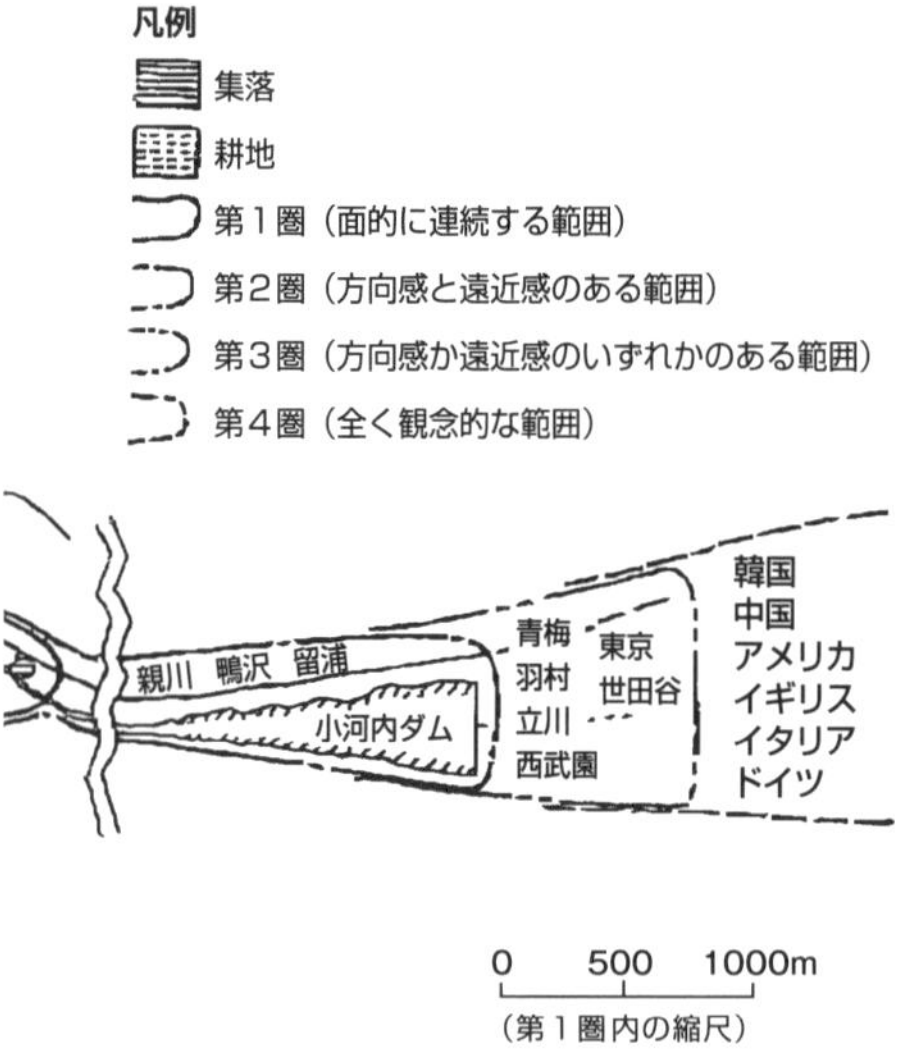

下の図は、大学生や大学院生の諸君と共に、山梨県東部の丹波山村《たばやまむら》の小学3年生を対象に調査した「児童世界像」の概念図です。ここは、東京の小河内《おごうち》ダム（奥多摩《おくたま》町）の上流部にある丹波川の谷間の集落。全《すべ》てが東の方向に開けた地形の特色がよく表れています。

地理教育の目的の一つは、この知覚的・空想的な部分を可能な限り、自《みずか》らコントロールできるリアルな認識圏に組み込むことにあると考えられるのです。

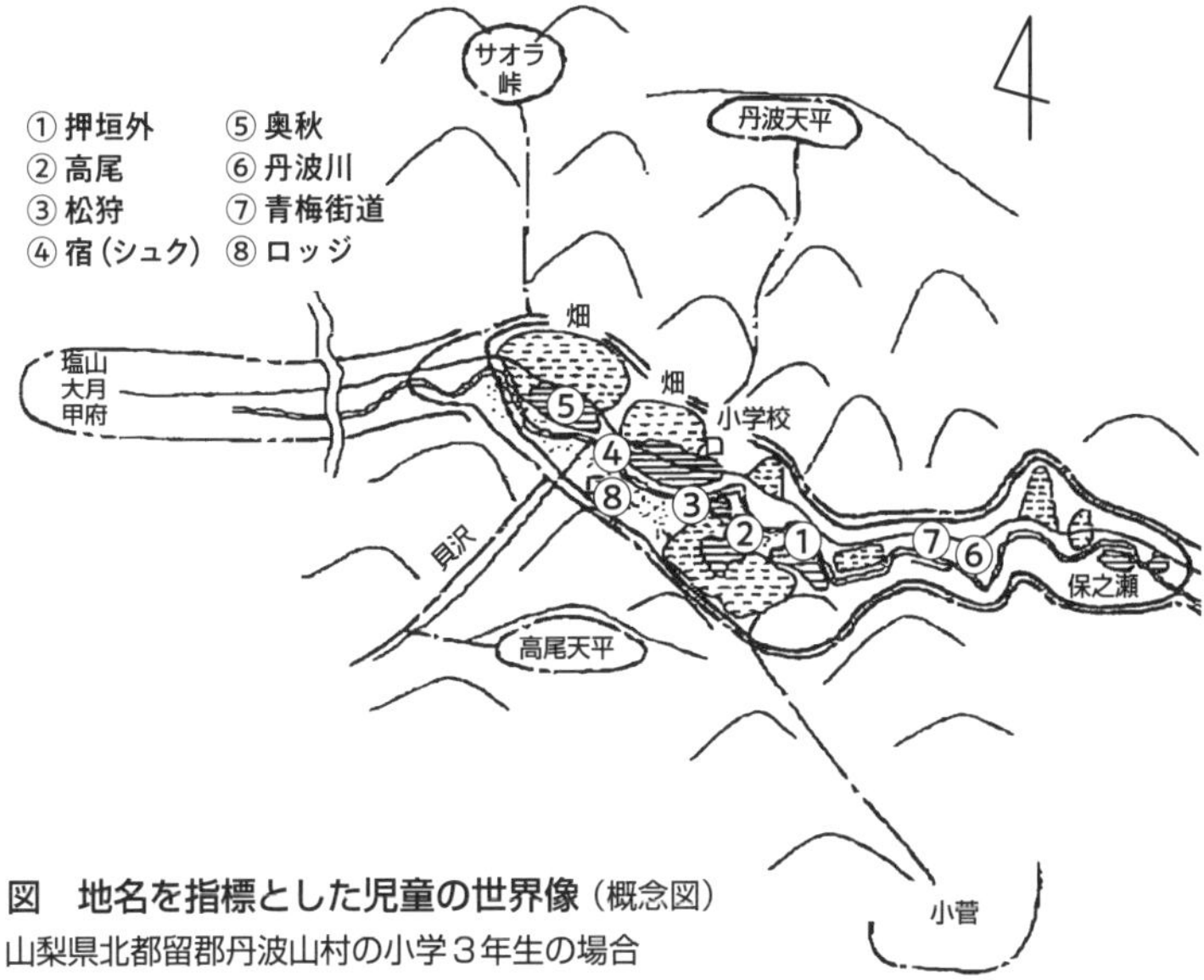

図　地名を指標とした児童の世界像（概念図）
山梨県北都留郡丹波山村の小学３年生の場合

科学的世界観の衝撃《しょうげき》

クリスマスイブに靴下《くつした》を枕元《まくらもと》に置《お》いて、サンタさんのプレゼントを待ちながら寝床《ねどこ》に入《はい》ったのは何歳までだったでしょうか。画用紙に絵を描《か》く時、いつも太陽がニコニコしていたのは？　暖《あたた》かな毛布に包《つつ》まれた、夢見るような児童世界観の中で過ごしてきた子どもたちも、ある日、大人たちと同じ科学的世界観への〝改宗《かいしゅう》〟が強《し》いられます。学校教育です。幼児期の終わりから少年期にかけて、今ではほとんど世界中の子どもたちが、この試練《しれん》を受けています。

この世界観の大転換《だいてんかん》は、家庭環境《かんきょう》や個人差などもありますが、子どもたちにとっては大変な出来事です。今までニコニコしていたはずの太陽は無機質《むきしつ》な天体となり、仲良しの子ぶたたちもいつしか家畜《かちく》小屋に……。

テレビやスマホが日常化している今日《こんにち》、幼児たちも１００年前の、いわば教科書的な児童世界観の中にとどまってはいないかもしれません。

それにしても、学校教育の早い段階《だんかい》で、自分たちの生きている世界を科学的世界観に基《もと》づきながら、大まかにでも認識《にんしき》させることは大切です。確かに子どもたちにとって、それは衝撃《しょうげき》ではあっても、指導次第《しだい》では知的好奇心《こうきしん》を燃え上がらせることともなり、大きな教育効果が期待できるからです。欧米の諸外国で、低学年のうちから、かなり体系的に世界地理教育が行われているのはうなずけます。

牧口常三郎師は、確かに『人生地理学』をはじめ、多くの著作で郷土《きょうど》研究を重視《じゅうし》しましたが、それはあくまでも世界を識《し》るための一つの手段として、でした。そのための手段が多様化している現在、それらを効果的に用《もち》いることが求められましょう。

探検、自立への歩み

子どもは母親の懐《ふところ》を飛び出した時から、自分の使いこなせる空間を少しずつ獲《かく》得《とく》していきます。「ぼくんち」「あたしんち」が自由に使えるようになれば、家屋の内外に家族や仲間にだけ通じる一種の「地名」も生まれ、子どもも使用します。この時、すでに子どもの頭の中には「地理」が芽生《めば》えているのです。

やがて、近くの駄菓子屋《だがしや》へ一人で行けるようにもなるでしょう。欲《ほ》しいものが山のようにある、このめくるめく世界。小銭を握《にぎ》り締《し》めながら、その日の買うものを決めかねて、しばしたたずむ……といった経験をお持ちの読者もおられるはずです。こうした幼児期の空間行動についての研究も見られます。

個人差もありますが、子どもは小学4年生の頃から、自分の使える空間を積極的に広げようとする意識が強まります。いつも通学や母親との買い物に使っているバスや電車で、ある日、一人で終点まで乗って、帰りが遅《おそ》いのを心配する母親をよそに、満足して帰ってくる……といったことさえ見られるようになります。探検行動期の元気な子どもたちに見られる行動の一つです。

芥川龍之介《あくたがわりゅうのすけ》の短編小説『トロッコ』では、子どもが村のはずれに敷《し》かれたトロッコに興味を持ち、作業員のおじさんに乗せてもらいます。遠くまで来た時、突《とつ》然《ぜん》、おじさんから「帰れ」と言われます。そこは、全《まった》くなじみのない所でした。子どもは急に怖《こわ》くなり、羽織《はおり》を脱《ぬ》ぎ捨《す》てて一目散《いちもくさん》に家に逃げ帰る話です。これはまだ、「探検行動期」に達し切れていない子どもが、自分ではコントロールできない場所、いわば突然、「異界《いかい》」に降《お》り立《た》った時の恐怖だったのかもしれません。

さまざまな代償行動

実際の探検行動は概《がい》して男の子が活発ですが、その多様な代償《だいしょう》行動は男女共《とも》に見られます。「トロイメライ」で知られるシューマンのピアノ曲「子供の情景《じょうけい》」の第1曲は、「知らない国々と人々について」です。未知の国々に対する探検行動期の子どもの憧《あこが》れでしょうか。

もちろん、読書もこの時期の大切な代償行動です。

私自身は南洋一郎《みなみよういちろう》の密林《みつりん》探検シリーズとともに、何と言っても島田啓三《しまだけいぞう》の『冒険《ぼうけん》ダン吉』が愛読書でした。舟で釣《つ》りをしているうちに偶然《ぐうぜん》、南の島に漂着《ひょうちゃく》。いろいろな危険を克服《こくふく》し、やがてダン吉少年は島の王様に推戴《すいたい》され、ネズミのカリ公をブレーンに、知恵の限りを尽《つ》くして島の近代化に尽力《じんりょく》する話です。

ちょうど太平洋戦争中でもあって、南の島々に関心の高い時期でした。従《したが》って、この解説付きの漫画は、私にとって、児童世界観から科学的世界観への橋渡《はしわた》しをしてくれた書物だったのかもしれません。

読書のほかにも、今ではテレビや映画、スマホなど、その代償行動に利用できるものは少なくありません。ただ、極《きわ》めて効果的ながら、意外にその効用が知られていないのが、世界の郵便切手の収集《しゅうしゅう》です。これについては、新たに章を起こして少し詳しく述べるつもりです。

国語教育と比較して

私たちは、母語を幼《おさな》い時から自然に身に付けていきます。同じように、「地理」もまた幼児期から少しずつ体験することによって覚《おぼ》えていくとみて差《さ》し支《つか》えないでしょう。

学校教育で「国語」の学習を通じて文法や多くの語彙《ごい》を習得《しゅうとく》し、社会生活に不可欠な共通語を身に付けます。これによって、コミュニケーションとともに思考力も強まり、思索《しさく》も可能となります。

幼児期から身に付け始めた「地理」を、体系的な地理教育によって、より正確なものに再構成し、頭の中の「もう一つの世界」、すなわち、世界像の形成を支《し》援《えん》し、科学的世界観の基礎固《がた》めをしていくのが、学校教育における地理教育の目的にほかならないのです。

第6章　代償行動の一つ、郵便切手の収集

「子ども博士」たち

小・中学校の頃、クラスに昆虫《こんちゅう》や植物、時には自動車や鉄道関連のことに、めっぽう強い同級生がいたのを思い出されるかもしれません。彼らは「子ども博士」として、クラスで一目《いちもく》置《お》かれていたはずです。

そうした中で、大小を問わず、世界の国々について意外なほど詳《くわ》しい子どもを

見掛《みか》けます。今では、そのほとんどが海外の小学校で「地理」を学んだ、いわゆる帰国子女《きこくしじょ》ですが、中には海外旅行の経験のない子どももいます。聞いてみると、決まって郵便切手の収集《しゅうしゅう》を楽しんでいます。諸外国の切手を通して、幼《おさな》いながら一応、世界像ができているのでしょう。

内村鑑三のおすすめ

だいぶ以前のことですが、内村鑑三《かんぞう》の『地人論《ちじんろん》』を読んでいる時のことでした。私は思わず、はたと膝《ひざ》を打《う》ったものです。『地人論』は、『人生地理学』の「日本における地理学の発達」（第31章第3節）に紹介されていますが、地理学を学ぶ必要を説いて1894年（明治27年）に刊行された『地理学考』を、その後、『地人論』として再版したものです。

ここでは、「ゆえに万国郵便切手蒐集《しゅうしゅう》のごとき、そのもの自身は一の実用《じつよう》なきがごとしといえども、その万国地理の講究《こうきゅう》を促《うなが》し、（中略）世界観念を発起《ほっき》するがためには少なからぬ功力《くりき》ありとす」（『日本の名著38 内村鑑三』中央公論社）とあります。論者（内村鑑三）自身が切手の収集家であったか否《いな》かは分かりませんが、その先見性《せんけんせい》には驚《おどろ》かされます。また、「世界観念の発起」は「世界像の形成」に、かなり近い概念《がいねん》とみてよいでしょう。

実は私自身も、そうした体験があるからです。大学で迷《まよ》うことなく地理学を専攻したきっかけも、原点はこのあたりかも知れません。

郵便切手収集の世界像形成の効用について実感していた私は、「切手の博物館紀要」第6号（2009年）に「現代世界像の形成と郵便切手——その地理教育論的一考察」を寄稿《きこう》したことがあります。ここでは、それを下敷《したじ》きに筆《ふで》を進めたいと思います。

郵便切手の新たな役割

1840年に英国で確立されたロイヤルメールのシステムは、近代的な郵便事業の始まりとみられています。もちろん、誰かに手紙を届けることは、どこの国でも古くから行われていました。日蓮の「御書《ごしょ》」も、日蓮を慕《した》う門下《もんか》の人たちへの手紙が多くを占《し》めています。

ローランド・ヒル（1795年～1879年）の発明した郵便切手とポストこそ、近代郵便事業の象徴的《しょうちょうてき》な存在といえるでしょう。当初はせいぜい一種の「有価《ゆうか》証券」に過ぎなかったこの方寸《ほうすん》の印面《いんめん》は、やがて、さまざまな情報の担《にな》い手《て》として期待されていきます。

間もなく大陸諸国でも導入《どうにゅう》され、日本でも1871年（明治4年）に創始《そうし》されますが、いずれも国営事業によりました。そのため、郵便切手は国家の慶事《けいじ》を祝《しゅく》したり、国家的事業のキャンペーンに積極的に活用されたりもします。

今では国際連合の一つの専門機関ですが、1874年に「万国郵便連合（UPU）」

がスイスのベルンに創設され、国際的に郵便物の交換が容易《ようい》となり、地球規模《きぼ》でのネットワークが確立されました。

国際郵便の発達によって、郵便切手の印面は情報伝達のメディアとしての役割が国際的に広がることとなり、各国はいろいろな〝宣伝活動の場〟として活用。印刷技術の向上も、これを後押《あとお》しします。

その一つが観光宣伝。自国の美しい風景や有形《ゆうけい》・無形《むけい》の文化財、伝統産業などが次々と登場。例《たと》えば、富士山が切手に描かれたのは1922年（大正11年）、また大型のグラビア印刷により、富士山を含《ふく》む最初の国立公園切手の発行は36年（昭和11年）からです。これらは、戦争などの影響で、41年（同16年）の「次高《つぎたか》タロコ」で打ち切られますが、戦後、49年（同24年）に復活します。

ちなみに、現在の自然公園法に先行する国立公園法は31年（同6年）の施行。なお、米国では、すでに34年、イエローストンやグランドキャニオンなどの国立公園切手が発行されています。

切手収集家の誕生

このような郵便切手に対し、その収集家が現《あらわ》れます。内村が『地人論』を著《あらわ》し

内村鑑三は『地人論』で、万国郵便切手の収集は「世界観念を発起するがためには少なからぬ功力あり」と記している ©Seikyo Shimbun

た19世紀末には、郵便切手の原郷《げんきょう》イギリスをはじめ、日本でも収集家が少なからずみられたものと思われます。

英語では、この収集趣味をphilately（フィラテリー）、収集家をphilatelist（フィラテリスト）と呼び、フランス語でも同様にphilatélieとphilatéliste。共に普通の辞書に見られ、日本語の「郵趣《ゆうしゅ》」は国語辞典などにも載《の》っています。

やがて収集家のための切手商も現れ、全世界の郵便切手を網羅《もうら》し、標準的な取引価格を示した大図鑑が刊行されます。わが国では、東京・目白の「切手の博物館」に拠《よ》る日本郵趣協会が日本切手のカタログを刊行するとともに、公益財団法人として多様な活動を展開しています。

国家や地域の新財源として

郵便切手には、いずれもその国の文化や国情が投影《とうえい》されています。それを楽しむ収集家も増加し、同時に図《ず》柄《がら》や地域など、収集対象も多様化していきます。

そうなると、郵便切手の発行目的も収集家のアルバム向きに、つまりは直接、収集家を対象とした新たな〝商品〟としての性格が強まり、それに特化した国や地域さえ生まれます。

さて、唐突《とうとつ》ですが、現存《げんそん》する世界最古《さいこ》の共和国はどこでしょうか？　少年時代、海外の郵便切手に親《した》しまれた方には簡単なクイズのはず。《REPUBBLICA DI SAN MARINO》――イタリア北東部、アペニン山脈中の人口約3万、面積が60平方キロほどのミニ国家、サンマリノ共和国です。建国は古代。19世紀のイタリ

チタノ山の断崖の古城。今では大切な観光スポットの一つ（サンマリノ共和国の切手、1991年）©Seikyo Shimbun

ア王国成立の際にも、共和国として独立を保《たも》ちました。

しかし、決して豊かとはいえないこの山国に、ある時、まさに降《ふ》って湧《わ》いたような新しい〝輸出商品〟が生まれます。これこそが郵便切手。特に20世紀になると、収集家向きに大型で美しい切手の発行が積極的に進められますが、対象は全世界のフィラテリスト。その発行政策も健全で、日本郵便が発行する切手の2〜3カ月分を毎年、発行しているに過《す》ぎません。

話を戻《もど》しましょう。

郵便切手は、国家の〝顔〟であるばかりか、領土の領有権《りょうゆうけん》を主張する手段ともなります。

英国をはじめ、ヨーロッパ諸国は、かつて海外に多くの領土を持っていました。しかし、今ではそのほとんどが独立を果《は》たしましたが、英国やフランスは、まだ幾《いく》つかの島々を各地に領有。大西洋の英領セント・ヘレナ島やフォークランド諸島でも独自の切手が発行されていることは想像できるでしょう。

一方、南大西洋のトリスタン・ダ・クーニャや、南太平洋のピトケアンともなると、たぶん収集家しか見当《けんとう》が付《つ》かないかと思われます。いずれもイギリスの海外領土です。

前者は、火山の大噴火《だいふんか》で全島民が一時、島を離《はな》れたことで知られていますが、島民は約300人。ピトケアンは、18世紀末の「戦艦《せんかん》バウンティ号の反乱《はんらん》」が映画化されたことで、あるいはご存じの方《かた》も。その反乱を起《お》こした人々の子孫が暮《く》らしていますが、島民はわずか60人前後。英領切手のファンは世界中に多いので、行

ピトケアン（ピットカーン）諸島（肖像はエリザベスII、1957年）

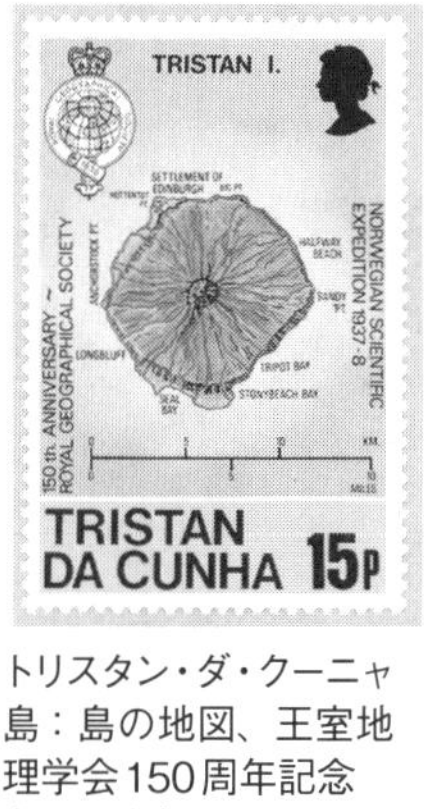

トリスタン・ダ・クーニャ島：島の地図、王室地理学会150周年記念（1980年）

セント・ヘレナ島：ナポレオン没後150年（1971年）

政費ばかりか、島民の生活費も切手の売り上げでまかなえそうです。

収集から達成感、世界像へ

現行の日本切手はもちろん、郵便局で買うことができますが、日本切手の収集にとどまる限り、世界像の形成にはなかなか結《むす》び付《つ》きません。内村鑑三の言う「万国郵便切手」こそが、その役割を担えるでしょう。

もし、収集への関心があれば、最初は主《おも》に500種なり1000種なりを袋詰《ふくろづ》めにした「ワールド500種」のようなパケットがおすすめ。

前述の「切手の博物館」の売店やデパートなどのほか、内外の切手商から通販などで取り寄せることも可能です。

切手には、国名や地域名が書かれています。ただ、イギリス本国の切手は、エリザベス2世などの肖像《しょうぞう》だけです。少し古いものにはジョージ6世や5世も。国名や地域名には、その国の言語が使われています。《HELVETIA》はスイス、《MAGYAR》はハンガリーなど、予想外の国名表記がありますが、世界地図と首《くび》っ引《ぴ》きで発行国を割《わ》り出《だ》し、集めた切手を保存するストックブックなどに一応、整理するのがよいでしょう。発行国がどうしても分からない場合は、まとめて売店の人に聞いてください。なお、指紋《しもん》などをつけないために、専用のピンセットを使うのが、おすすめです。

一応の整理がつけば、大きな達成感が得られ、世界地図帳もいつしか身近なものに。中学・高校生はもちろん、小学校の高学年ともなれば、頭の中の「もう一つの世界」——基礎的ながら世界像も浮《う》かんでくることでしょう。

分類は科学の方法の第一歩

袋詰めされている切手を購入した場合、袋から取り出した切手は、前述のように発行国や地域ごとに分ける――これこそが大切。この間に「名前だけは知っていたが、あの国はここだったのか」という〃発見〃は、いろいろあるはず。これも大きな収穫《しゅうかく》ですが、物事《ものごと》を知るためには、まずは「分類」が極《きわ》めて大切です。

私たちは日常生活、例えば家庭内での〃片付《かたづ》け〃でも、ほとんど無意識《むいしき》のうちに、重要度、使用の頻度《ひんど》、大きさ、重《おも》さなどで〃分類〃を行《おこな》っています。収納や片付けの上手な人は、〃分類〃の手法を身に付けているのです。

実《じつ》は分類こそ科学的認識の第一歩です。植物学では、まずは「採集《さいしゅう》」、次が「分類」となり、それから「分布《ぶんぷ》」や「系統化《けいとうか》」に進むことになるでしょう。

『人生地理学』では、地理学の研究法について、「記載《きさい》」を第一歩とし、次に「比較」、そして「統合《とうごう》」を一つの目的としています（第33章「地理学の研究法」）。

切手の場合には、差《さ》し当《あ》たり「収集」が「採集」「記載」に、国や地域に分けることが「分類」「比較」に当たります。先の「ワールド500種」のようなパケットの場合、1カ国に数種、時には十数種の切手があるかと思います。それらをさらに発行順に並べ直せば「系統化」に近づくでしょう。

ただ、これにはかなりの根気《こんき》が必要です。記念切手には、発行年の記載もありますが、普通切手には見られません。先輩や仲間に聞くのがよいとしても、「切手の博物館」でスコットカタログ（＝米国のスコット出版が毎年、発行している世界中の郵便切手を収録した図鑑）を借《か》りるのも一つの方法。同時に、パケットに含《ふく》まれていない国や地域の切手を少しずつ買い足《た》すのも楽しみの一つに。ここまでくれば、立派なフィラテリスト！「切手の博物館」は温《あたた》かく迎《むか》えてくれるでしょう。

そして、いつの間にか、牧口常三郎師が言われる「統合」、すなわち、世界像が頭の中に形成されているのに気付くに違《ちが》いありません。

切手との対話を楽しく

ストックブックなどに収《おさ》めた切手は、その国の風景や動植物ばかりでなく、伝統工芸や建築物など、さまざまな文化を語ってくれます。切手は、その国の百科事典と呼ばれるのも、そのためでしょう。

このように、地理的な情報とともに近現代の世界の歴史を刻《きざ》み込んでいる切手は、優《すぐ》れた〝生《い》きた教材〟です。

そのため、ご子息などに収集を促《うなが》すのは結構ですが、無理強《むりじ》いするのは百害あって一利《いちり》なし、です。収集はあくまでも趣味であり、楽しめるものでなくてはなりません。楽しめてこそ、切手との対話がはずみ、世界を知るための知識の源泉《げんせん》の一つともなって、世界像をますます豊《ゆた》かでダイナミックなものにしていくのです。

第7章　科学的世界観と地理教育

社会科の中に埋没《まいぼつ》

現代では、世界中のほとんどの国で、5〜6歳の児童から学校教育が始まります。民族や宗教、あるいは国是《こくぜ》によって価値観は異《こと》なりますが、少なくとも科学的世界観を全面的に無視《むし》した公立学校は、まずないとみてよいでしょう。そこでは、科学的世界観の先駆《さきが》けともいえる「地理」が、一般の予想とは異なり、米国でもヨーロッパ諸国でも教科として取り入れられています。

しかし日本では、先にも述べましたが、第2次世界大戦直後の占領下《せんりょうか》で導入《どうにゅう》された「社会科」の中に今もなお「地理」が取り込《こ》まれ、本来の役割が十分に果《は》たされていません。

確かに高校のカリキュラムでは、さすがに近年、地歴科が独立し、中学校ではなお、社会科の一部に属《ぞく》しながらも、一応、「地理」は「歴史」とともに分野的に分かれてはいます。

ところが小学校では、子どもの空間認識《にんしき》は同心円状に拡大するという「同心円的拡大理論」とかで、3年生が「身近な地域」、4年生で「当該《とうがい》都道府県」、5年生でようやく「国土」になります。しかも、その国土の学習も、日本の農業、漁業、工業……など、大人向《む》きの『人生地理学』と同様、一種の系統《けいとう》地理学の手法が取られているのは驚《おどろ》きのほかありません。それぞれの地域的な特色を把握《はあく》する地誌的《ちしてき》知識を前提に学ぶのが系統地理なのです。『人生地理学』が刊行された当時は、牧口常三郎師が苦労されたように、小学校から「地理」が教科とされていました。

それにしても、科学的世界観への転換期《てんかんき》の最《もっと》も大切な時期に市役所や町役場の仕事を教えることに、どれほどの意義があるのか、私には解《わか》りかねるのです。ただ、「社会科」の中で、郷土《きょうど》や身近な地域を扱《あつか》うとすれば、どうしても、自然環《かん》境《きょう》よりも行政を中心とした部分に重点が移《うつ》ってしまうのでしょう。

世界像をつくる素材

冒頭でも述べましたが、学校教育としての地理教育の目的は、まずは科学的世界観に基《もと》づいた世界像を、児童・生徒が自《みずか》ら形成するのを支援《しえん》することにあります。

スポーツの国際試合をはじめ、主にテレビを通じて子どもたちは意外に海外への関心は高いもの。クラスには海外からの帰国子女がいる場合や、家族旅行でどこか海外を見てきた子どもも、決して珍《めずら》しくないはずです。

子どもたちのこれまでの断片的《だんぺんてき》な海外の知識や体験を整理するためにも、この地球についての大まかな姿《すがた》をイメージさせるのが最初ではないでしょうか。次《つ》いで、世界における日本列島を改《あらた》めて認識し、自分たちの住む市町村の位置を確かめることになるはずです。

さらに、日本や世界の諸地域、諸外国の様子を識《し》ることによって基礎的な世界像が形成されていきます。この場合、地理教育の固定観念化《こていかんねんか》されてきた「物産」は、差し当たり後回しに。

『人生地理学』でしばしば古典の詩歌《しいか》が引用されていた例《れい》に倣《なら》い、むしろ、スポーツや童話、音楽、絵画などの諸作品、時にはその国の珍獣《ちんじゅう》、珍鳥《ちんちょう》などの紹介も。ただ、大人の眼《め》から見た文化財などの観光資源《しげん》には、子どもたちの関心は意外に乏《とぼ》しいでしょう。歴史的な意味づけや鑑賞力が伴《ともな》わないからです。

確かに、学校教育は子どもの人格形成に欠《か》かせないものです。同時に、何かのきっかけで興味や関心が湧《わ》けば、世界像の形成や充実にかかわる知識獲得《かくとく》の場は、前述の切手収集に限らず、意外なところに見いだすことができるのです。

自然環境の捉《とら》え方《かた》

地球表面のさまざまな場所で暮《く》らす人々に、いろいろな形で影響《えいきょう》を与える自然環境に対し、地理学は常に向き合ってきました。自然環境の研究には、もちろん自然科学の手法が用いられ、隣接《りんせつ》する諸科学の成果も必要としますが、その視点《してん》は多くの場合、それぞれの地域の人々の生活との関わりに置かれています。別の言葉で言えば、そこに住む人々が、その土地の自然環境をどのように読み取り、生活様式を築いてきたかに目が向きます。

その際、人間と自然環境の関わりの程度や影響を、どこまで見るかによって、

「地人相関論《そうかんろん》」や「環境決定論」「環境可能論」など、地理学の世界では、いろいろ論争がありました。

通常、地形や気候などの要素は、客観的、物理的な条件までしか立ち入りませんが、牧口師をはじめ、前述のイーフー・トゥアン（アメリカの中国系《けい》地理学者）などは、その地域の人々による、環境の精神的な関わりにも注目しました。

実際、『人生地理学』では山岳《さんがく》を神の座《ざ》としている例を幾《いく》つも示しており、半島が人々の気質にも影響するなど、環境の精神的作用にも触《ふ》れています。

こうした人間に対する自然環境の影響を、第2次世界大戦直後の一時期、極度《きょくど》に軽視《けいし》する思想が日本の地理学界でも強まりました。その契機《けいき》となったのは、1948年10月、ソ連（当時）のスターリンによる「自然改造計画」なるものの発表です。当時は、世界的に社会主義思想が全盛《ぜんせい》を極《きわ》めていました。

これによって例えば52年には、ロシア西部を流れるヨーロッパ最大の河川《かせん》のボルガ川とドン川が運河で結《むす》ばれ、内陸のカスピ海が黒海や地中海と結ばれます。

かつて、世界第４位の湖水面積を誇っていたアラル海。旧ソ連時代のかんがい政策などで流入河川を失い、面積は30年もたたないうちに10分の１に縮小し、船の墓場になった（takao/PIXTA）

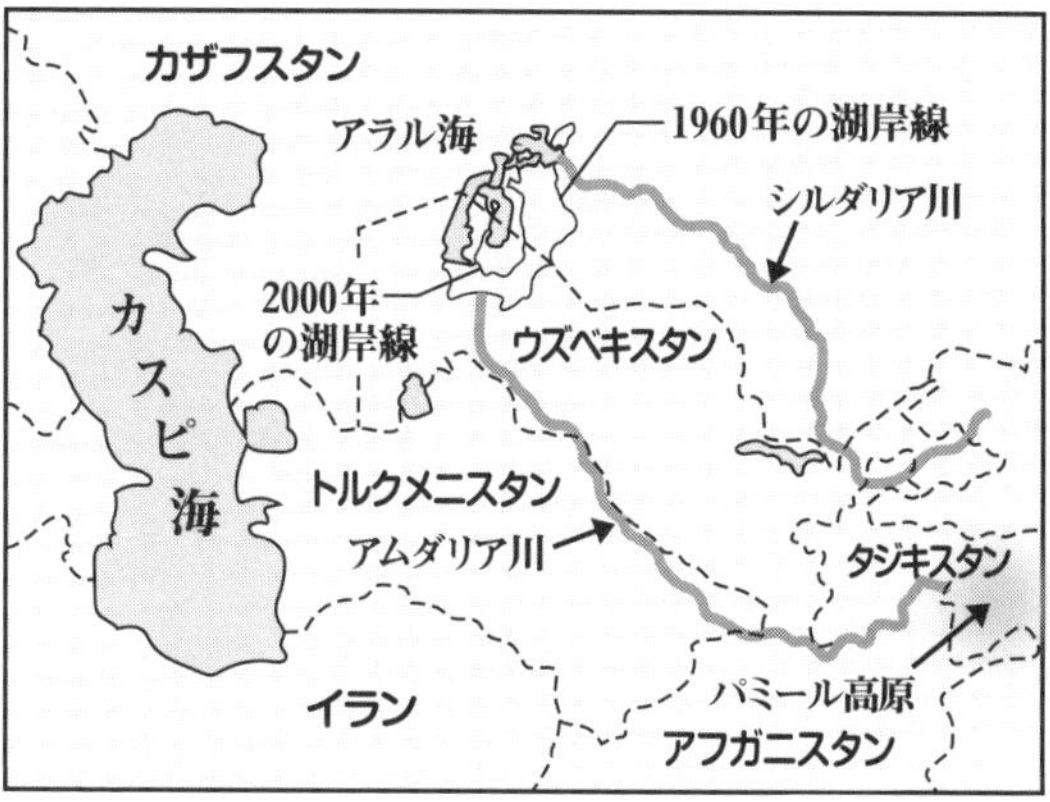

アラル海の湖岸線の変化

こうした成功例がある一方で、パミール高原から流れ出すアムダリア川やシルダリア川などの上流地域に、その河川水を大規模《だいきぼ》に利用して大綿花《だいめんか》地帯を創出《そうしゅつ》しました。しかし、流入河川を失《うしな》ったアラル海は干上《ひあ》がり始め、塩の結晶《けっしょう》を含《ふく》んだ砂《すな》嵐《あらし》で沿岸《えんがん》の広大な農地や牧草地が壊滅《かいめつ》してしまいました。

ショスタコーヴィチがオラトリオ「森の歌」を作曲したのは49年。確かに美しい合唱曲ですが、自然改造計画の一環《いっかん》で行われた植林事業を讃《たた》える楽曲。いかにも権力に迎合《げいごう》した感じもします。しかし、交響曲の第8番や第9番が思想的に当局から批判され、教職を追放されるなどの悲運に遭《あ》ったことを知れば、全体主義の恐《おそ》ろしさとともに、作曲家の心情も十分に理解できます。

当時、日本の地理学界にも、こうした思想が流入。「環境決定論」は、この時期には〝時代遅《おく》れ〟として退《しりぞ》けられたものです。『人生地理学』が地理学界から一時忘《わす》れられた背景には、このような事情もあったのでしょう。

必要な地名の記憶

さて、学校教育としての地理教育は、繰《く》り返《かえ》しになりますが、子どもたちが自分の頭の中に「もう一つの世界」、すなわち、豊かな世界像を築くのを支援していくのが大きな目的です。これは、科学的世界観のための一つの基礎となるからです。

そのために不可欠《ふかけつ》なのが、大陸名や海洋名から始まる地名の記憶。牧口師は地理教育の現場での多年の経験もあって、『人生地理学』の中でも、あれこれ覚《おぼ》えさせるための工夫を披歴《ひれき》しています。

突然ですが、ここでクイズを一つ。

アテネ、ロンドン、メルボルンは、さて何語でしょうか。うんちくを傾《かたむ》けられる方《かた》も少なくないはず。もちろん、それはそれで結構。実《じつ》は日本語に取り込まれた外来語の固有《こゆう》名詞です。マラソンやレスリングなどは普通名詞ですが、今ではほとんど日本語化しており、無理に日本語に言い換《か》えると、かえって分かりにくくなるでしょう。これら海外の都市名は『広辞苑』クラスの日本語の辞書には、もちろん載《の》っています。

こうした外来語にはイメージが伴《ともな》うものです。かつてオリンピックの会場となった都市や種目名から、多くの人は何らかのシーンが思い浮かぶはず。ましてや伝統的な日本語には豊かなイメージが伴い、わずか数語の組み合わせでも、一瞬《いっしゅん》にして一つの情景が浮かんできます。その極《きわ》め付《つ》きが言語芸術となった俳句。「古池《ふるいけ》」「蛙《かわず》」「飛びこむ」「水の音」のわずか四つの日本語から、私たちは素晴《すば》らしい一幅《いっぷく》の水墨画《すいぼくが》を頭の中に、瞬時《しゅんじ》に描《えが》き出《だ》すことができるのです。

地理や歴史の授業に不可欠な地名や人名も同様。一夜漬《いちやづ》けの暗記では、テストが終われば淡雪《あわゆき》のように消えてしまいます。しかし、恋人の住む都市名や大好きな俳優や歌手のいる国名を何かで耳にすれば、たちまち、その人たちの笑顔とともに、その地の鮮《あざ》やかなイメージが浮かぶことでしょう。

それにしても、地名を覚《おぼ》えることが小・中学生にとって、それほど苦痛《くつう》でしょうか。

〝思考の学〟とされている数学（算数）でさえ、「九九」から始まり、円の面積やら球の体積やらを求める公式等々、覚えることは決して少なくありません。

一方、野球やサッカーの好きな子どもは、国内外の選手名やそれぞれの得意技《とくいわざ》が幾《いく》らでも出てきます。また、「いろは唄《うた》」はもちろん、落語にある「寿限無《じゅげむ》、寿限無……」も競《きそ》い合《あ》って、すぐ覚えてしまうのが子どもです。

地名は、少なくとも地表の日常的な位置情報に不可欠な要素です。これを欠《か》く情報は、単なるおとぎ話になりかねません。

現代は、無数の情報がさまざまなツールで飛《と》び交《か》う時代です。私たちは、その中から必要な情報をキャッチして、自分の世界像を絶《た》えず更新《こうしん》していきます。獲得《かくとく》した情報の、頭の中の「整理箱」の一つが地名になるはずです。それらは「自前の情報」となり、必要に応じて新たな情報を合わせ、処理《しょり》すれば、新しい認識に達《たっ》します。「考える」とは要するに、情報処理といえるからです。豊かな「自前の情報」は、新鮮《しんせん》な発想を生み出します。

こうして絶えず更新していく豊かな世界像は、物事を世界的視野で捉《とら》えることともなり、国際感覚の育成ばかりか、安定した人生観の形成にも通じるでしょう。

〝信ずる〟しかない

先にも触《ふ》れましたが、現代の私たちは科学的世界観を共有しています。そのため、病気になれば、医者に診《み》てもらい、必要な薬を服用《ふくよう》し、手術を受けることもあります。事前に説明を受けはしても、特に医学や生理学の専門知識を持たない限り、その理解は完璧《かんぺき》とはいえず、いわば〝信ずる〟部分があるはずです。

実は、ここが大切です。私たちは、科学的世界観の〝信者〟なのです。

ところで、科学は非常な勢いで進歩しているといわれます。確かにそれを目《ま》の当《あ》たりにすることも、まれではありません。しかし、科学的世界観に立って生きている私たちにとって、これは手放《てばな》して喜ぶべきことでしょうか。

これは裏返《うらがえ》してみれば、科学的世界観は著《いちじる》しく不完全だということにならないでしょうか。私たちは自分の専門分野以外は、科学の成果を単に〝信じて〟生きているのです。

科学の限界と人生

第4章でも述べましたが、「死後の世界」について、科学の方法では封印《ふういん》されたままです。

一方、宗教的世界観は通常、完璧な体系《たいけい》を持っており、死後の世界についても十分な説明のあるのが普通です。ただ、その立場に立つ人も、日常的には学校教育によって得られた科学的世界観を可能な限り、受け入れて生きていくことにな

『人生地理学』には「日本人は山頂をもって神霊の照臨し給うところとなし、至るところに神殿を築く。富士、御岳（信濃）、乗鞍、浅間、妙高、日光、岩手鳥海……」と記されている
(gandhi/PIXTA)

るでしょう。

しかし、人生上のいろいろな悩《なや》みや迷《まよ》いの解決はもちろん、社会生活にあっても、さまざまな心の問題は、信じる宗教の教えに導《みちび》かれ、平安な日々を送るのが自然の流れでもあります。

これに対して、特定の宗教を持たない人々は、科学的世界観では満《み》たされない部分、例えば死後の世界については、もし必要ならば、ある宗教の教えを借用し、主観的に融合《ゆうごう》させて心の平安を保《たも》つ場合もあるかと思われます。

また、お彼岸《ひがん》の墓参《はかまい》りなどに見られる

祖霊崇拝《それいすうはい》とともに、アニミズムをいわば昇華《しょうか》させた自然観を併《あわ》せ持《も》つ日本人は少なくないはずです。牧口師の指摘した山岳を神の座とする思想は、まさにアニミズムを昇華させたものといえるからです。

同時に、国内外の古典から現代に至《いた》る、さまざまな文学や音楽、美術などの諸作品によって、時に励まされ、時に慰《なぐさ》められて、それぞれの人生を送ることになるでしょう。こうした自然観や文化の問題を、次章で改めて考えてみましょう。

第8章　自然美と新しい風景観

新たなトポフィリア

どんなに美しい風景も、単に自然科学の目で見れば、山地であれ、海辺であれ、本来、物理的な存在かもしれません。しかし、私たちはしばしば、そこに何らかの感情を込《こ》め、例えば、長く裾野《すその》をひくコニーデ型《がた》の火山を雄大《ゆうだい》で美しいと感じたり、海食崖下《かいしょくがいか》の荒《あれ》れ狂《くる》う波浪《はろう》に恐怖《きょうふ》を覚《おぼ》えたりもします。第3章でご紹介したトポフィリアです。しかも、これらは地域や民族に共有され、伝承されてもいきます。

実際、私たちは富士山を美しいと思い、特に中腹《ちゅうふく》まで雪に覆《おお》われた姿《すがた》には神々《こうごう》しささえ感じます。海外から帰国したときなど、飛行機の窓《まど》からその姿が見えたとき、思わずホッとされた方《かた》も多いでしょう。しかし、自然地理学的には一つのコニーデ型の火山に過ぎず、噴火《ふんか》によって地上に堆積《たいせき》したマグマの一部でしかありません。

『人生地理学』では、このような自然景観に対する人々の思い入れが具体的に多数、記《しる》され、これまでもその幾《いく》つかは取り上げてきました。

ところが、『日本風景論』の志賀重昂《しがしげたか》はもちろん、牧口常三郎師も注目することのなかった新たな風景美を、私たちは発見しました。第2次世界大戦後のことです。それは、ヤシやサンゴ礁《しょう》など、熱帯や亜《あ》熱帯の風景に対する美であり、新たなトポフィリアです。

熱帯、亜熱帯とは？

ご存《ぞん》じのように、「熱帯」とは赤道を挟《はさ》んで23度26分の南北回帰線《かいきせん》の間です。北回帰線は、日本の近くでは台湾のほぼ真ん中を東西に走り、南回帰線はオーストラリアの中央部を横切ります。北回帰線では夏至《げし》の日に、南回帰線では冬至《とうじ》の日に、いずれの日もそれぞれ正午に、もしその線上に立つと、一瞬《いっしゅん》、自分の影が消えると小学生の頃、習《なら》われたことでしょう。

一方、「亜熱帯」は、かなり曖昧《あいまい》な概念《がいねん》です。南北回帰線を越《こ》えても、すぐに辺《あた》りの風景が

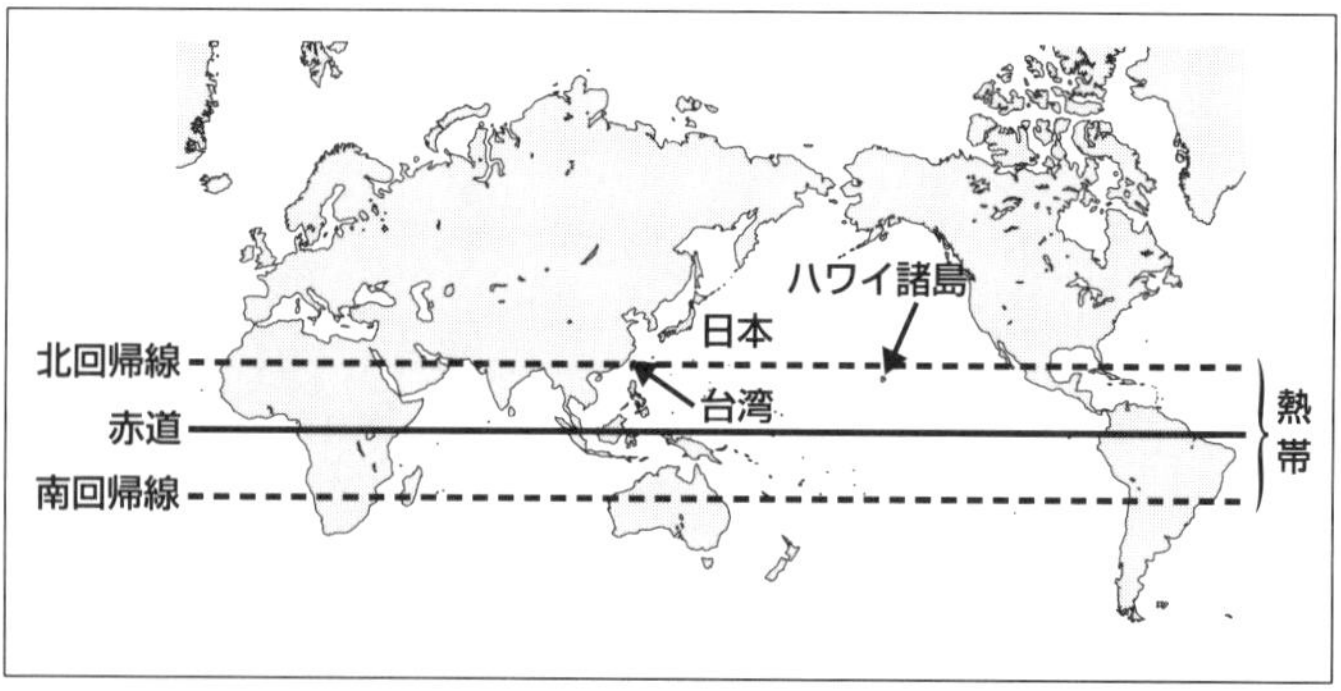

北回帰線と南回帰線の間の地域が熱帯。北回帰線が中央を通る台湾は北部が亜熱帯、南部が熱帯となる

一変するわけではありません。日本では房総《ぼうそう》半島の先端《せんたん》、東京湾の入り口まで亜熱帯が続くとする研究者もいます。黒潮《くろしお》の影響《えいきょう》でサンゴが育っているからです。実際、東京湾に臨《のぞ》む千葉県南房総市の富浦《とみうら》の砂浜《すなはま》で、私は、波で打ち上げられた枝《えだ》サンゴの破片《はへん》を、幾《いく》つも拾《ひろ》ったことがあります。

他方、植物に注目する人たちは、「シナ・日本区系《くけい》」と「東南アジア区系」の境《さかい》が引かれた、鹿児島県のトカラ列島南部より南と考えるようです。この境を、その研究者にちなんで「渡瀬線《わたせせん》」と呼《よ》んでいます。

ただ、トカラ列島は南北170キロほどあるので、具体的にどの島々の間とするかは多少、意見の違《ちが》いもみられます。

多くは隆起《りゅうき》サンゴ礁《しょう》がはっきりしていたり、奄美大島《あまみおおしま》と同様、毒蛇《どくへび》のハブが生息《せいそく》したりすることなどを考え合わせると、悪石島《あくせきじま》と小宝島《こだからじま》の間あたりに、この線を引きたくなります。小宝島のすぐ南にある宝島も同様で、ここでは特に熱帯・亜熱帯の海岸にみられるサンゴ礁片や、有孔虫《ゆうこうちゅう》という生物の死骸《しがい》が堆積《たいせき》した真っ白な砂丘も目を引くからです。

いずれにしても、その南にある奄美や沖縄、小笠原諸島《おがさわらしょとう》を亜熱帯に含《ふく》めるのに異論《いろん》はないでしょう。なお、沖ノ鳥島《おきのとりしま》は熱帯に入ります。

江戸の〝琉球ブーム〟

今では憧《あこが》れの観光地・沖縄県は、すでに江戸時代にも「ブーム」がありました。ただ残念ながら、亜熱帯の美を意識したものではありません。徳川将軍や国王の代替《だいが》わりに行われた、華《はな》やかな「琉球使節《りゅうきゅう》」、いわゆる「江戸上《のぼ》り」が大変な人気だったのが一因《いちいん》のようです。ことさら中国風の装《よそお》いをさせるなど、当時、琉球を支配下に置いていた薩摩藩《さつまはん》による演出だったとか。

これにあやかった曲亭馬琴《きょくていばきん》による読本『鎮西八郎為朝外伝《ちんぜいはちろうためともがいでん》　椿説弓張月《ちんせつゆみはりづき》』も、琉球ブームを一層《いっそう》、高めたことでしょう。

この読本は、保元《ほうげん》の乱《らん》で敗《やぶ》れ、伊豆大島に流された強弓の源《みなもとのためとも》為朝が、その後、内乱《ないらん》の続く琉球に渡《わた》り、王朝の開祖となったとする伝説に基《もと》づくものです。葛飾《かつしか》北斎《ほくさい》が挿絵《さしえ》を担当。その縁《えん》もあってか、その後、「琉球八景」を浮世絵《うきよえ》で描いています。ここでは「中島蕉園《しょうえん》」など、すでに江戸にもあった芭蕉《ばしょう》が描かれてはいますが、その他には特に亜熱帯の景観を示すものは見当たりません。琉球を訪《おとず》れたはずのない北斎にとって、それらの絵が何によったかが気になるところです。

「琉球八景」は、沖縄県南部の浦添《うらそえ》美術館で見ることができます。なお、この「中島蕉園」では、多分、庭木用《にわきよう》の芭蕉ではなく、今も沖縄の伝統工芸の一つとなっている芭蕉布《ばしょうふ》の原料「糸《いと》芭蕉」が栽培《さいばい》されていたのでしょう。

日本のゴーギャンたち

第1次世界大戦後、国際連盟により日本の委任統治領《いにんとうちりょう》となったサイパンやパラオなどの「南洋群島」に強い関心を持つ、一連の画家たちがいました。多くのスケッチを残した川端龍子《かわばたりゅうし》や民俗学《みんぞくがく》への関心の高い土方久功《ひじかたひさかつ》など十数人。

現代文明に倦《う》み、南海の未開の島に新たな美を見いだそうとしたゴーギャンに倣《なら》ったのでしょうか。

「南洋群島」は、多数の小さな島々が点在《てんざい》するミクロネシア。画家たちが主に活動したのは、現在のパラオ共和国の島々でした。

川端以外は、あまり世に知られていない画家たちですが、私がこれらの作品に触《ふ》れたのは、2008年の東京・町田市立国際版画美術館で開催された展示「美術家たちの『南洋群島』」でした。川端など多くの画家たちは滞在《たいざい》期間が限られたスケッチ旅行で、島の人たちの珍《めずら》しい風俗《ふうぞく》や人物をテーマにしています。

ただ、土方やその弟子となった杉浦佐助《すぎうらさすけ》、そのまた弟子の儀間比呂志《ぎまひろし》などは長期にわたって滞在し、独自の作風による絵画や彫刻《ちょうこく》を残しました。しかし、太平洋戦争が始まると、いつしか忘《わす》れられていきます。

憧《あこが》れの夢の島ハワイ

岡晴夫《おかはるお》が船員の服装で「憧《あこが》れのハワイ航路」を歌い始めたのは、戦後間《ま》もなくの1948年(昭和23年)。当時、占領下《せんりょうか》にあった日本では、ハワイは夢の島。日本人で実際にハワイに行けたのは船員だけかもしれません。

ハワイへは、王国時代からプランテーションの年季労働者として多くの日本人が渡り、米領化後、国籍《こくせき》を取得し、定住を決意した人も多く見られ

ハワイ・ワイキキビーチ。『人生地理学』では、太平洋中央に浮かぶハワイ諸島は「アメリカ、アジア両大陸の交通の必経地(必ず経るべき地)」であり、「世界における重要なる島」の一つ、と(tabiphoto/PIXTA)

ました。しかし、労働はきつく、とても憧れの島とはいえなかったはずです。そのうえ、日米開戦の戦場でもあり、特に定住した日系人《にっけいじん》の苦労は並大抵《なみたいてい》のものではなかったでしょう。それがなぜ、戦後間もなく〝憧れの島〟になったのか、考えてみれば不思議です。

いずれにしても、戦後日本人のハワイへの憧れは募《つの》るばかり。そのため、日本の各地に耐寒性《たいかんせい》の強いカナリーヤシや、ヤシ科の一種のビロウなどが植えられ、にわかづくりのハワイが演出されました。

特にビロウの自生《じせい》する宮崎県の青島がにわかに注目され、一時期、宮崎県が新婚旅行のメッカ（中心地）になったものです。

それどころか、福島県南部では常磐炭鉱跡《じょうばんたんこうあと》の高温の湧水《ゆうすい》を活用。フラダンスのショーと温泉が〝売り物〟の「常磐ハワイアンセンター」まで出現。現在では「スパリゾートハワイアンズ」として、いわき市の観光の目玉に。

今でこそ南西諸島や小笠原諸島など、亜熱帯の広い地域が国立公園や国定公園に指定されていますが、いずれも第2次世界大戦後のこと。日本が台湾を領有《りょうゆう》していた戦前、すでに台湾にも三つの国立公園がありました。しかし、熱帯・亜熱帯の美ではなく、新高阿里山《にいたかありさん》など、いずれも山岳美《さんがくび》を中心としたものです。

このように、第2次世界大戦後、日本人の風景美に対する感覚は南に向かって急速に拡大、変化したのでした。

ただ、戦後のこの新しい美意識の成因については、戦前の国策《こくさく》の一つ「南進論」や、その結果として南の島々が主な戦場となった、太平洋戦争中の占領地の報道写真などの影響も考えられますが、臆測《おくそく》の域《いき》を出ません。

奄美の美と田中一村

日本画家の田中一村《たなかいっそん》を、ご存じでしょうか。彼こそ亜熱帯の美を日本画の世界に花開《ひら》かせた、希有《けう》な画家です。

1908年（明治41年）、栃木県に生まれた一村は、東京美術学校（現在の東京芸術大学）に入学しましたが、病気や家庭の事情などで、わずか3カ月で退学。画《が》壇《だん》から離《はな》れた孤高《ここう》の画家でした。個人的に南画を学んだ後、東京や千葉で暮《く》らしながら生活のために絵を描いていました。

転機が訪れたのは55年（昭和30年）。四国や九州、さらに種子島やトカラ列島まで足を延《の》ばしたスケッチ旅行で、初めて見る南国の風景に魅了《みりょう》されます。3年後、奄美大島に移住。大島紬《つむぎ》の染色工《せんしょくこう》として働きながら、この亜熱帯の風景や動植物を精力的に描いていきました。海浜《かいひん》植物のアダンをはじめ、ビロウ、クワズイモ、さらには魚屋の店頭に並ぶ熱帯魚の数々。島の人たちには見慣《みな》れた全《まった》くの日常的な風物とともに、道端《みちばた》の雑草さえも彼には珍《めずら》しく、絵心を誘《さそ》うものでした。

これらの精密《せいみつ》かつ誠実《せいじつ》な描写《びょうしゃ》は、江戸時代の伊藤若冲《いとうじゃくちゅう》に並ぶとする批評家《ひひょうか》がいるほどです。ただ、亜熱帯の強い日光を避《さ》け、いずれも早朝か夕刻の光の中に置かれています。

東京での個展を目指し、染色工場で働きながら、ひたすら奄美大島の風物を描き続けていた一村は、しかし、不幸なことに志《こころざし》半《なか》ばで77年（昭和52年）に急逝《きゅうせい》

奄美群島復帰50周年記念の切手（2003年）。奄美の自然を描いた田中一村の作品「奄美の杜～ビロウとブーゲンビレア～」（部分）がデザインされている ©Seikyo Shimbun

します。69歳の生涯でした。

埋《う》もれてしまうかに思われた彼の画業は、偶然《ぐうぜん》、地方の放送局で地域の問題を追い続けていた、NHKのテレビディレクターの目に留《と》まります。最初は鹿児島放送局で、やがてNHK教育テレビの「日曜美術館」で「黒潮の画《が》譜《ふ》――異端《いたん》の画家　田中一村」として放映《ほうえい》。私も、初めて知る一村の画業に圧倒《あっとう》されたものです。84年（昭和59年）の暮れのことでした。翌年、日本放送出版協

会（当時）から出された作品集では、崇高《すうこう》なまでに美しく日本画の世界に展開された「亜熱帯の美」の素晴らしさを、改《あらた》めて実感したものです。

冒頭の章でも触《ふ》れましたが、実は私自身も鹿児島大学の教壇《きょうだん》に立っていた頃、まだ、まとまった地理学的研究がほとんど見られなかったトカラ、奄美、沖縄など、南西諸島の島々へ、仲間や学生の諸君と度々《たびたび》、フィールドワーク（野外調査）に出掛《でか》け、その風景美も満喫《まんきつ》。研究成果の一部を仲間と共編著として出版した後、日本地理学会の同志と共《とも》にまとめた『熱い心の島――サンゴ礁の風土誌』（古今書院）では、亜熱帯の魅力《みりょく》をいろいろな角度から紹介することに努《つと》めたものです。

いささか亜熱帯や一村の美の世界に酔《よ》いすぎたようです。ここで強調したいのは、客観的には一見《いっけん》、平凡と思われる風景でも、主に外から何らかの動機《どうき》で感情移入《いにゅう》され、一度、トポフィリアが生ずると、前に述べたアルプスの場合と同様、多くの人々に共有され、その風景観が一変するということです。

第9章　多様な世界像の共存と国際理解

感性のフィルター

前章でお話ししたように、私たちは物理的な環境《かんきょう》を、まとまった意味のある像、すなわち「風景」として捉《とら》え、美しいとか寂《さび》しいなど、いろいろな感情を抱《いだ》いてきました。

こうした感情を写真や紀行《きこう》文学はもちろん、詩や絵画、時には音楽などで表現し、その感動を他の人たちに伝えることもできます。そのような感情を起こさせるものを、個人的な〝感性のフィルターを通す〟ともいえますが、やはり長年にわたって身に付けた複合的な伝統文化によるものでしょうか。しかし、自分が果《は》たして、どのような文化を持っているのか、いくら自分に問《と》い掛《か》けてみても、それはむなしい試《こころ》みです。

ところで、新しい友人の家を訪《たず》ねたり、何かの用事で初めての学校を訪問したりしたとき、何かしら自分の家や学校にはない雰囲気《ふんいき》のようなものを感じたことはないでしょうか。「家風」とか「校風」、あるいは「社風」などという言葉があります。この「風」こそ、実《じつ》は「文化」の一部なのです。「洋風建築」や「和風料理」と並《なら》べると、容易《ようい》に納得《なっとく》されるでしょう。

「人間のための鏡」

米国の文化人類学者、クライド・クラックホーンに、『人間のための鏡《かがみ》』という著作があります。異文化《いぶんか》こそ、自分の持つ文化を映《うつ》し出《だ》す鏡だというのです。「人のふり見てわがふり直せ」などのことわざも、同じような発想でしょう。

私たちは海外旅行や美術展などでいろいろな異文化に接し、さまざまな〝発見〟もしますが、実は同時に日本文化を再認識《さいにんしき》してもいるのです。

一方、日本人が外国人によって日本文化の素晴らしさを改《あらた》めて認識させられた例も決して少なくありません。19世紀後半、フランスなど西欧《せいおう》絵画などに見られた、浮世絵《うきよえ》などによる日本美術ブーム、いわゆるジャポニスムは、そのはしりでしょうし、欧米での最近の和食文化の広がりで、和食の良さを見直したりもしています。

いずれにしても、身に付けた自分の文化を、いわば相対化させながら認識することは大切です。

国際化を促《うなが》すには

現代の日本では、多方面にわたって国際化やグローバリゼーションが叫《さけ》ばれています。

確かに経済ばかりでなく、保健・衛生や教育の分野でも大切なこと。それらを目指した国際協力も、少なからず必要でしょう。しかし、そのための具体的な施《し》策《さく》となると、少し立ち止まって考えてみる必要がありそうです。

例えば、国際化への対応ということで、2020年度には、小学校3年生から英語の授業が始まりました。中学年に「外国語活動」、高学年に「外国語」が教科として導入《どうにゅう》されたのです。

確かに日本にいても、「ステイホーム」や「Go To イート」の意味は分かった方がよいでしょうし、まれには外国人に道を聞かれることもあるはずです。こうしたときの対応も必要ではありますが、体系的《たいけいてき》な世界地理の学習なしに全《すべ》ての小学生に無理に英語を学ばせることが、果たして国際化を促《うなが》すことになるのか疑問です。私は逆に、日本の伝統文化への理解を深め、それに誇りを持つことの方が大切ではないかと思います。

まずは、国語教育の一層《いっそう》の充実《じゅうじつ》です。日本語による自分自身の見解《けんかい》の正確な表《ひょう》出《しゅつ》とともに、日本語による思考や、さらには思索《しさく》も求められるべきではないでしょうか。

日本文化を英語で

もっとも、どうしても英語学習が必要ならば、日本文化を英語で学ぶのも意外に新鮮《しんせん》に受け入れられるはずです。この場合、子どもたちにも親《した》しめる「相撲《すもう》」「すし」「将棋《しょうぎ》」などをテーマに、会話式に易《やさ》しくとも美しい英語で学ばせるのも一つの方法です。

先にクラックホーンによる『人間のための鏡』という本をご紹介しましたが、日頃《ひごろ》、ごくごく当たり前に感じている自分の持つ文化を異文化に映すことで客観《きゃっかん》視《し》でき、意外に自文化への自信にも通じるのではないかと思われます。

海外では、少し親しくなった人から盛《さか》んに日本のことを聞かれるものです。どこの国にも、日本の文化に関心のある人が多いようです。

随分《ずいぶん》、以前の話ですが、私自身も、ちょうど三島由紀夫が自決したころ（1970年11月）、ハワイ大学の東西センターへ行った時、三島文学について、いろいろ質問されたことがあります。まだ、当時は『潮騒《しおさい》』くらいしか読んでいなかったこともあって、全《まった》く通《とお》り一遍《いっぺん》のことしか言えなかったのを思い出します。

また、中国では、日本での漢詩の受容について尋《たず》ねられましたが、こちらは多少、関心があったので、まずまず答えられました。

確かに、幼《おさな》い時にネーティブの人から英会話などを学べば、英語の発音はきれいになります。ただ、それが直《ただ》ちに国際化に結び付くかどうかは大変、疑問なのです。何よりも、自文化への自信を持つことが、私の理解するところでは、日蓮も提唱《ていしょう》された「自己《じこ》の主体性の確立」に通ずるものと思われます。

都市化社会の歪《ゆが》み

現代の日本では、都市化が急速に進んでいます。

人口が10万に満《み》たない都市でも高層《こうそう》マンションが立ち並び、見た目にも都市化の進行が感じられます。こうした外見ばかりでなく、人々の生活様式も大きく変化してきました。とりわけ変化したのは、人々の心の問題です。

かつては特に農山漁村などで見られた、良きにつけ悪《あ》しきにつけ、強すぎるほどの人々の絆《きずな》が都市化の進展《しんてん》で著《いちじる》しく希薄《きはく》になったといえます。

果たして、実際にどの程度、起きたか分かりませんが、何か集落の取り決めに対して、よほど不都合なことを起こした家に対する最も厳《きび》しい罰則《ばっそく》は、その頃、

「村八分」と呼《よ》ばれるものでした。火事と葬儀《そうぎ》以外、その家に対して全《すべ》ての集落の人々が交際を断《た》つというものです。しかし、都市化社会に暮《く》らす現代の人々はプライバシーを強調するあまり、多かれ少なかれ、これに近い生活を余儀《よぎ》なくされてはいないでしょうか。とりわけコロナ禍《か》では、この傾向《けいこう》が増幅《ぞうふく》されているように思われます。

奈良や京都など、日本にも古くから都市が出現しましたが、歴史学者の林屋《はやしや》辰三郎《たつさぶろう》氏（故人）が指摘《してき》したように、京都では「町衆」により、宗教的に結び付いた、かなり強固な自治組織が形成されていたようです。

中世の鎌倉と日蓮

一方、中世にこつぜんと出現した新興《しんこう》都市・鎌倉は、少し様子が違《ちが》っていました。

現在の鎌倉市の人口は17万3千人ほどですが、これには旧・深沢村や旧・大船町などが含《ふく》まれています。

12〜13世紀の鎌倉の人口については諸説《しょせつ》ありますが、おおむね10万人程度とみられています。流通経済の未発達な当時、これだけの人口を養《やしな》うのは容易《ようい》ではありませんが、特に大地震や度々《たびたび》の風水害、大飢饉《ききん》や大疫病《えきびょう》の続発《ぞくはつ》などを考えると、武士階級はともかく、この新興都市に住み始めた人々の生活は、時に惨状《さんじょう》を呈《てい》したものと思われます。日蓮が著《あらわ》した「立正安国論《りっしょうあんこくろん》」の冒頭に当時の惨状が記述されているのを、ご存《ぞん》じでしょう。

日蓮が比叡山《ひえいざん》での修行を経《へ》て法華経《ほけきょう》に深く帰依《きえ》し、鎌倉で宗教活動を始めたのは、このような時でした。「立正安国論」を、時の実質的な最高権力者であった北条時頼《ときより》に提出したのは１２６０年──文応元年、39歳の時です。当時の鎌倉では、法然が唱《とな》えた専修念仏が広まっていました。

「立正安国論」では、正しい教えを捨《す》て去《さ》る、この専修念仏こそが諸災害の元《げん》

日蓮が本格的に宗教活動を展開した鎌倉。中央をまっすぐ海へ延びる道が若宮大路。その左、附属小・中学校の校舎の先から湾曲しながら海に向かう道が小町大路。日蓮の辻説法跡は湾曲部に近い（IBA/PIXTA）

凶《きょう》であるとしています。しかし、相互《そうご》依存《いそん》の絆のない、この新興都市に生きる貧《まず》しい人々にとっては、来世《らいせ》の幸せこそが唯一《ゆいいつ》の救いだったのかもしれません。

一方、仏陀《ぶっだ》の使徒を自覚した日蓮にとっては、自己肯定感《こうていかん》を強め、現世をこそ仏国土とすべく、強い使命感を持っていました。ここには、また人間は一人では生きていくことはできず、正しい教え、すなわち、正しい人生哲学を必要とする考え方が根本にみられます。

日蓮の思想は天台で学んだ法華経への絶対的な帰依によるもので、当時の新興都市・鎌倉はもちろん、現代の日本の社会でも必要とされる自己の主体性の確立と創造的利他《りた》主義であると、仏教学者の久保田正文氏（故人）は主張しています。要は他者との絆の回復であり、いわば市民社会の理想像にほかなりません。そのため、専修念仏ばかりでなく、後には禅《ぜん》、真言《しんごん》や律《りつ》などの他宗をも日蓮は批判。その結果、多くの法難《ほうなん》に遭《あ》うことになります。

相互理解の対話を

鎌倉で少年期、青年期を過ごした私は、日蓮への思い入れが深く、いささか熱を込《こ》めすぎたかもしれません。実際、小町大路《こまちおおじ》に面した「辻説法跡《つじせっぽうあと》」の史跡《しせき》は、小学校の登下校の通学路にありました。また、寒参《かんまい》りの人たちが家の前を通る時のうちわ太鼓の音は、今も耳に残っています。

さて、国際理解の推進《すいしん》は教育界ばかりでなく、いわば現代のキーワードの一つです。確かに現代の人類は、ほぼ科学的世界観を共有しています。地球の温暖化《おんだんか》対策《たいさく》についてはもちろん、漁業資源《しげん》の保護のための漁獲《ぎょかく》制限に関してさえ、国際的な合意《ごうい》が可能です。

しかし、科学的世界観の及《およ》ばない宗教観やイデオロギーの関わる部分での国際的合意は困難《こんなん》です。

例えば、イスラエルの人々とアラブの人たちが持つ世界像を想像してみてください。実際、イスラエルを国家として承認《しょうにん》しているアラブの国は、久しくエジプトとヨルダンだけでしたが、最近、アラブ首長国連邦《れんぽう》とバーレーン、さらにスーダンが加わり、話題になりました。

また、エルサレムやメッカ、メジナへの日本人の関心が、パリやニューヨークより高いとは、とても思えません。

私たちの頭の中の「もう一つの世界」、すなわち、世界像は科学的世界観を共有し、一定の共通性を持つことは事実です。一方で、それぞれの民族や国家、地域などでは、いずれも独自の偏《かたよ》りがあることも否《いな》めません。

現代の世界には、多様な世界像を持った人々の集団が、同じ地球の一角《いっかく》を見ながら暮《く》らしているのです。国際理解とは、そうした人々の持つ世界像との共存《きょうそん》であり、相互の多様な対話こそが期待されているのでしょう。

異文化へのまなざし

「郷《ごう》に入れば郷に従《したが》え」という、ことわざがあります。風俗《ふうぞく》や習慣は地域によって異《こと》なりますが、これは、よその土地へ行ったら、その土地の仕来《しきた》りに合わせるということでしょう。風俗や習慣、あるいは仕来りも、もちろん文化。意外に意味の深いことわざです。

しかし、これは、決して自分の持つ文化をかなぐり捨てて、その土地の文化に迎合《げいごう》せよ、というものではないはずです。少なくとも自己の主体性に目覚めている人々なら、文化地理学や文化人類学の研究者ならずとも、まずは好奇心《こうきしん》からその異文化を観察し、知ろうと努《つと》めます。そして、その異文化の価値体系のようなものを理解できれば、差し当たり、それに合わせる努力をするでしょう。

このことは、国家レベル、民族レベルにも当てはまるはずです。考えてみれば、現代の日本の文化それ自体が旺盛《おうせい》な異文化の吸収《きゅうしゅう》によって形成されてきたといえます。ただ、その吸収には、日本独自のえり好《ごの》みや改変《かいへん》が見られるのも事実です。

牧口常三郎師は『人生地理学』の中で、花鳥風月を愛《め》でる伝統的な日本の自然観について、詩歌《しいか》を具体的に挙《あ》げて論《ろん》じてきました。自分の持つ文化に自信を持ち、自己の主体性を確立しつつ、知的好奇心に満ちながら、現代の世界の国々や地域を具体的に見つめ、当面する諸問題を考えていくことは大切です。牧口師も100年前に、きっとそうした気持ちで『人生地理学』を書かれたに違いありません。

第10章　「人生地理学」からのメッセージ

現代の「人生地理学」を！

『人生地理学』は、確かに100年以上も前に書かれた地理学の書物です。戦前には多くの著名人に推奨《すいしょう》され、版《はん》を重《かさ》ねましたが、今ではほとんど忘《わす》れられたかにみえます。

しかし、こうして改《あらた》めてひもとく時、現代の私たちへも、さまざまな貴重《きちょう》なメッセージが伝わってくることに気付きます。先に述べた地理学の方法論上の問題をはじめ、多岐《たき》にわたっていますが、ここでは特に、私たちの現代における世界像の形成と関わる幾《いく》つかの問題に絞《しぼ》って、その意義を考えながら整理していきましょう。

牧口常三郎師の敬慕《けいぼ》する日蓮は、自己《じこ》の主体性の確立とともに、何よりも現世を肯定的《こうていてき》に受け入れるところから出発しています。現世とは、まさに私たちの生きている、この地球上に展開している現代の世界にほかなりません。その様態《ようたい》を明《あき》らかにするのが地理学です。

日蓮が「立正安国論《りっしょうあんこくろん》」を、当時の鎌倉幕府《ばくふ》の最高実力者・北条時頼《ときより》に提出したのも、現世の肯定を前提とすればこそ、その仏法による改革を期待してのことでしょう。また、この書で日蓮が蒙古《もうこ》の襲来《しゅうらい》を予知《よち》していたことについては、諸説《しょせつ》があるようですが、海外の動きについても、門人《もんじん》たちを通《つう》じ、少なからず情報を得《え》ていたものと思われます。

私たちも、現代の世界を識《し》り、まずは豊《ゆた》かな世界像を築《きず》く労《ろう》を惜《お》しみたくはありません。できることなら、現代の『人生地理学』を、一人一人が主体的に描《えが》き出《だ》していきたいものです。それにしても、この現代の世界を、私たちは日常、具体的に、どの程度、認識しているでしょうか。

一つの実験として

お手数ですが、ここで簡単な実験をしてみましょう。お手元《てもと》にメモ用紙を準備して、まず、オリンピックの故地《こち》・古代ギリシャに

悠久の時を刻むギリシャの古代遺跡（preto_perola/PIXTA）

ついて、何でも自由に思いついたことの「テーマ」だけを10分間、次々と書いてみましょう。オリンピックの起源《きげん》はもちろん、哲学者の話やら神話や芸術など、まだまだテーマは尽《つ》きません。

では次に、現代のギリシャ共和国について、同じことを試《こころ》みてください。もちろん、ギリシャを観光旅行された方《かた》は、楽しい旅の思い出や思わぬ〝発見〟が次々と浮《う》かんでくるかも知れません。しかし、旅行経験がないのに、三つ以上、テーマが思いつく人は果《は》たして何人いるでしょうか。

東洋史でも西洋史でも、古代から近世までの国際的な諸問題については意外に多くの関心があり、知識が豊かな人でも、現代の世界の国や地域の諸事情《しょじじょう》については思いの外《ほか》、興味の乏《とぼ》しいのが一般的です。

コロナの場合でも

例えば、最近のコロナ《COVID-19》の感染《かんせん》状況については、どうでしょうか。首都圏なり、関西圏なりに住む人たちが、その地の状況に強い関心を持つのは当然です。しかし、この全人類的な疫病《えきびょう》について、医療《いりょう》関係者以外の人たちで、東南アジア、中近東、アフリカ諸国や中南米、オセアニアなど、世界的視野《しや》に立って、その動向《どうこう》に関心の及《およ》ぶ人は、あまり多くないかと思われます。

『人生地理学』の第3編は、「地球を舞台としての人類生活現象《げんしょう》」として、宗教、美術、多様な産業が、それぞれ世界的にどのように展開しているかを論《ろん》じています。

もちろん、内容的には、現代のそれらとは大きな違《ちが》いがあるのは当然です。しかし、今回のコロナの例のように、物事《ものごと》を世界的視野で捉《とら》える思考法は一見《いっけん》、単純なように見えますが、必ずしも一般的なものとは言えません。やはり、個々の国や地域についての認識を前提にして、初めて世界的視野が確立されるからです。

木を知り、改めて森を！

「木を見て森を見ず」という、ことわざがあります。細《こま》かい点にばかり注意して全体を見ない例《たと》えです。しかし、個々の木を知ったうえで改《あらた》めて見る森は、意外なほどダイナミックなことに気付きます。生態学の視点《してん》でしょうか。世界像の形成にも、こうしたことが期待されます。

『人生地理学』は、系統《けいとう》地理学の方法をとっていますが、これは、それぞれの「木」、つまりは個々の国や地域について、すでに一定の認識を持つ人たちを対象にしているのです。そうであってこそ、国と国との関係や地域の結《むす》びつきが理解できるのです。

こうした思考方法は、もちろん一部を並行《へいこう》して進めることもできますが、グローバル化の著《いちじる》しい現在、ますます重視《じゅうし》されるに違いありません。現代の私たちが、『人生地理学』から、ぜひ学び取りたいことの一つです。

「国家地論」から

この同じ第3編に「国家地論」の章（第25章）があります。本書の第2章でも簡単に触《ふ》れましたが、ここでは現代の私たちの問題として改めて考えてみましょう。

第2次世界大戦後の日本は、70年余《あま》りにわたって、幾《いく》つかの大きな自然災害や、それに伴《ともな》う原発《げんぱつ》事故のような深刻《しんこく》な災害にも見舞《みま》われてきました。しかし、例えば国を捨《す》てて隣国《りんごく》など他国へ逃《のが》れる難民《なんみん》の発生《はっせい》までは起《お》きていません。

一方、世界を見渡《みわた》せば、シリアをはじめ、アフガニスタン、ウクライナ、イエメン、エチオピア、南スーダン、最近では事もあろうに、国軍が〝反政府勢力〟となったともいえるミャンマーなど、武力衝突《しょうとつ》が各地で発生。不幸な難民が後《あと》を絶《た》ちません。

さて、20世紀の世界で、最も大きな国家形態《けいたい》についてのテーマは、何と言ってもソビエト社会主義共和国連邦《れんぽう》（USSR）や中華人民共和国など、マルクス主義を基調《きちょう》とした社会主義国家群《ぐん》の出現と、その破綻《はたん》、または変容《へんよう》でしょう。キューバは、数少《かずすく》ない例外です。

ご存《ぞん》じのように、USSRは解体《かいたい》し、ロシア連邦と14の独立した共和国に。中国は上海《シャンハイ》に世界的株式市場を開設して市場経済を取り入れ、大規模《だいきぼ》な私企業の活動も認《みと》め、外国資本《しほん》の導入《どうにゅう》も積極的に。その結果、国民所得《しょとく》など経済力は飛躍的《ひやくてき》に伸《の》び、軍事力も強化されました。ただ、共産党の一党専制《せんせい》は続いており、この人民共和国の変容についての理論的説明はありましたが難解《なんかい》です。

また、資本主義諸国は健全《けんぜん》な発展をしているかといえば、必ずしも、そうとは言えません。資本主義国の大旦那《おおだんな》ともいえる米国では、国民の分断《ぶんだん》に悩《なや》んでいます。いわゆる「トリクルダウン理論」という経済理論の導入による弊害《へいがい》が表面化《ひょうめんか》しているのです。大企業の税率を下《さ》げ、大企業に余裕《よゆう》が出れば、それが中小企業と消費者に及《およ》び、国家経済の成長をもたらす、とする考え方です。

実際には、豊かな人々と、そうでない人々との間の格差《かくさ》がますます広がり、社会の分断は人種間《じんしゅかん》にも。特にコロナ禍《か》は、それを増幅《ぞうふく》しています。民主党の新政権がその修復《しゅうふく》を図《はか》ろうとしていますが、結果が注目されるところです。

現在の日本の場合

経済問題に限らず、現在の日本も国家の在《あ》り方《かた》について関心を深め、広い視野《しや》に立って考えていくべきでしょう。

国家の在り方は、憲法とも関わる大きな問題です。最近はなぜか下火《したび》になりましたが、道州制《どうしゅうせい》の導入に関する議論は、もっと深めるべきかと思われます。コロナ禍で都道府県知事はどこでも大活躍ですが、より広域的《こういきてき》な視点からの対応も必要です。環境《かんきょう》問題はもちろん、自然災害の防災や減災《げんさい》には、都道府県域を超《こ》えた広い視野に立つことが、より効果的《こうかてき》かと思われるからです。

国土についての認識も

国家の在り方を含《ふく》め、国土《こくど》全域に関する認識も一層《いっそう》、深めたいものです。もちろん、国境の離島《りとう》に対する目配《めくば》りも、おろそかにできません。しかし、いわば地球的視野から日本の国土を見つめ直すことが大切です。

例えば、日本を狭《せま》い島国《しまぐに》と考える人は、今も少なくありません。しかし、38万平方キロの国土は、英国の24万平方キロより、はるかに広く、イタリアの30万平方キロ、ドイツの36万平方キロより広いことには案外《あんがい》、気付いていないようです。

そのうえ、温帯を中心に、亜寒帯から亜熱帯にわたる国土の長さは3000キロに達し、その南北差については、米国の本土と互角《ごかく》とさえいえます。また、周辺に離島が多いこともあって、排他的《はいたてき》経済水域《すいいき》（EEZ）も広大で、世界の上位に入ります。しかも、ここには豊かな漁業資源《しげん》とともに、海底には手付かずのままのレアメタルなど、今後の日本経済の発展に不可欠《ふかけつ》な資源が眠《ねむ》っているのです。

こうした日本の国土に関する客観的《きゃっかんてき》な事実を、次の世代の子どもたちに、ぜひ、きちんとした地理教育を通じて伝えていくべきでしょう。

地理教育研究の活性化

『人生地理学』の終章（第34章）は、「地理学の効果および必要」とあり、その学習法や教授法《きょうじゅほう》などが具体的に述《の》べられています。牧口師の、長年にわたる地理教育の現場での多くの体験から得《え》られた、貴重《きちょう》な成果といえましょう。

また、『人生地理学』に続いて出版された『教授の統合《とうごう》中心としての郷土科《きょうどか》研究』にも見られるように、師は地理教育論の研究に並々《なみなみ》ならぬ関心がありました。

現代の日本で、地理教育の必要性については、これまで縷々《るる》述べてきましたが、こうした師の貴重な成果を活用するためにも、まずは高等学校と同様、小・中学校の「社会科」から「地理」と「歴史」を「地理歴史科」として解《と》き放《はな》つことが先決《せんけつ》です。これによって初めて、地理教育論の体系的《たいけいてき》研究が可能となります。

地理教育が「社会科」に取り込《こ》まれている限り、例えば身近な地域の地形や土《ど》壌《じょう》、河川《かせん》や海岸など、自然環境《かんきょう》の観察も思うように進められません。また、過去の自然災害について、その地の古老《ころう》の話を聴《き》いたり、その地形的特色を現地で確かめたりすることも困難《こんなん》です。

一方、小・中学校に地理教育が導入されれば、現在の子どもたちが、その成長の過程で、どのように周囲の環境を認識していくのか、さらには、テレビなどからの情報をキャッチし、自身の世界像形成に、どのように活用しているのかなど、必要に応《おう》じて児童心理学の研究者の協力を得ながら、実証的研究の道も開《ひら》かれます。

すでに、子どもの手描《てが》き地図やその発達などに関する地道《じみち》な研究もあらわれています。いずれにしても、牧口師の取り組んだ、この「地理教育論」という豊かな研究の鉱脈《こうみゃく》の発掘《はっくつ》が、若い研究者たちの自由な発想によって引《ひ》き継《つ》がれ、新たな価値を生み出していくことが何より期待されるところです。

まず地理を究《きわ》めよ

『人生地理学』を座右《ざゆう》に置き、現代に軸足《じくあし》を置《お》きながら、「自己《じこ》を知り、豊かな世界像を築く」意義と方法について稿《こう》を重《かさ》ねてきました。思索《しさく》の及《およ》ばないところは多々ありますが、『人生地理学』から出発した本稿は牧口師に倣《なら》い、『人生地理学』の結《むす》びに引用されている、吉田松陰《よしだしょういん》の名言をもって閉《と》じることにしましょう。

「地を離《はな》れて人なし。人を離れて事《こと》なし。人事を論《ろん》ぜんとせば、まず地理を究《きわ》めよ」

切手で築こう
現代の世界像

世界には現在、200近い国家があります。一方、一定の自治権を持ちながらも、なお、国家として承認されていない地域もみられます。

こうした国々の中には、かつて世界に覇《は》を唱《とな》えながら、今ではひっそりしている国もあり、一方で2000年の時を隔《へだ》ててよみがえった国もみられます。

中には、産声《うぶごえ》を上げた途端《とたん》に消えてしまった国も。余談《よだん》ながら、第2次世界大戦後だけでも消滅した国は、実《じつ》に183カ国に達するとした研究があるのも驚《おどろ》きです。

ここでは、現存《げんそん》する現代の幾《いく》つかの国や地域のプロフィルを、切手とともに紹介したいと思います。現代の世界像形成の一助《いちじょ》となれば幸いです。

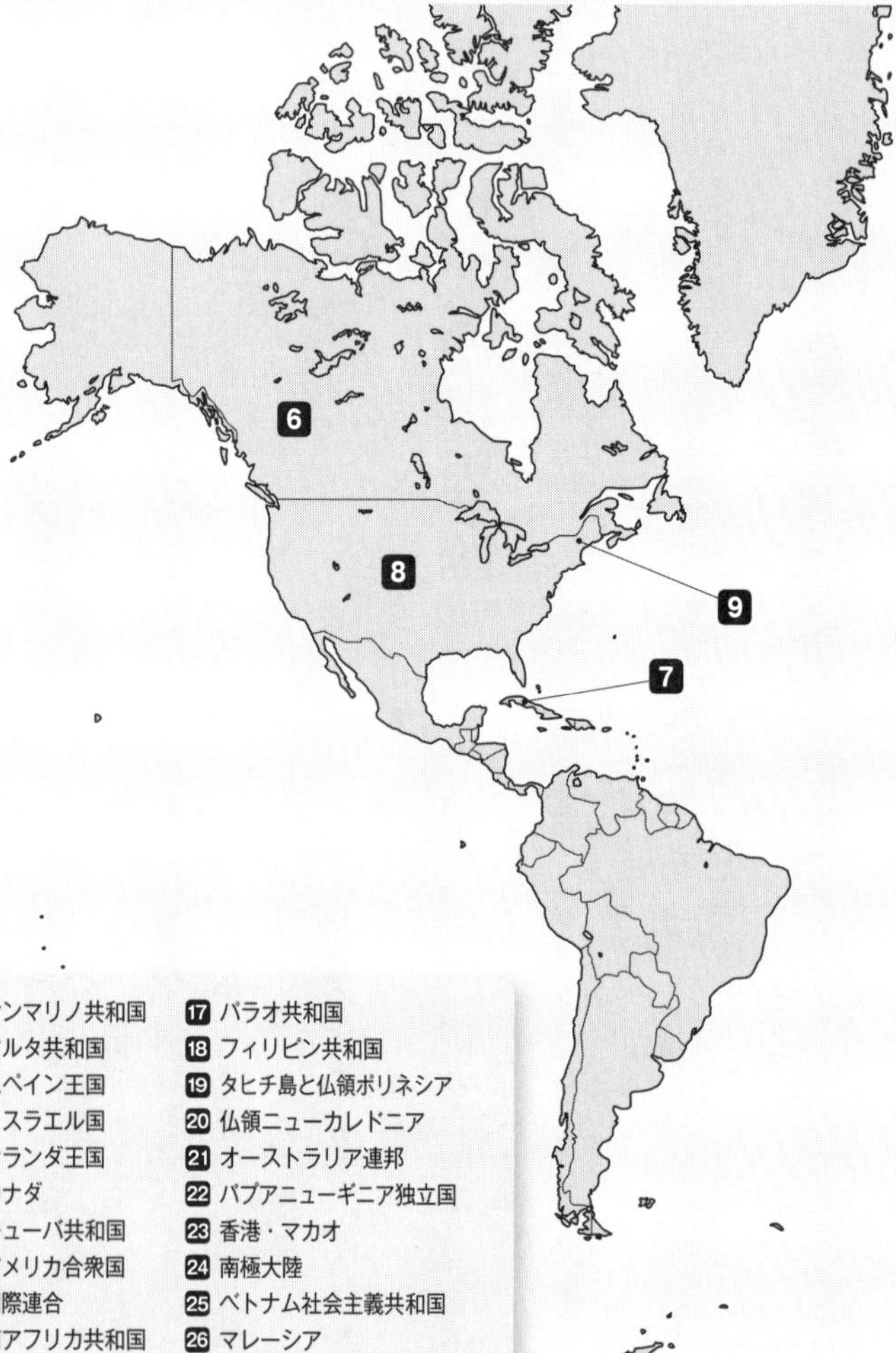

1 サンマリノ共和国
2 マルタ共和国
3 スペイン王国
4 イスラエル国
5 オランダ王国
6 カナダ
7 キューバ共和国
8 アメリカ合衆国
9 国際連合
10 南アフリカ共和国
11 ニュージーランド
12 インドネシア共和国
13 インド
14 シンガポール共和国
15 タイ王国
16 モンゴル国
17 パラオ共和国
18 フィリピン共和国
19 タヒチ島と仏領ポリネシア
20 仏領ニューカレドニア
21 オーストラリア連邦
22 パプアニューギニア独立国
23 香港・マカオ
24 南極大陸
25 ベトナム社会主義共和国
26 マレーシア
27 スリランカ民主社会主義共和国
28 イラン・イスラム共和国
29 カタール国
30 アラブ首長国連邦
31 サウジアラビア王国
32 アルメニア共和国

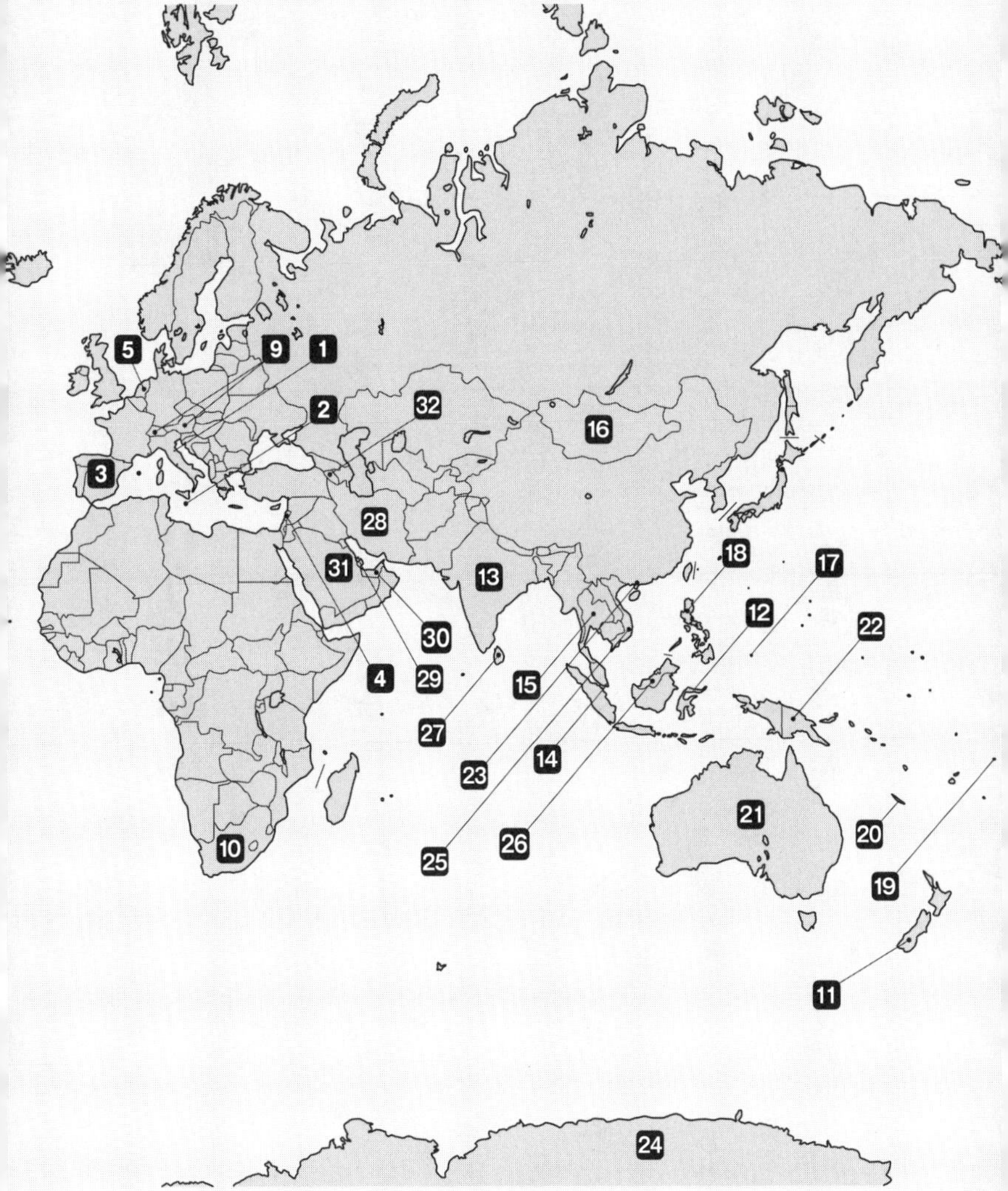

5
9
1
2
32
16
3
28
31
13
18
17
12
22
30
4
29
15
27
23
14
21
20
19
10
26
25
11
24

1

サンマリノ共和国

イタリアの中で切手と観光で生きる

サンマリノ共和国は、地中海に突《つ》き出た、あの長靴《ながぐつ》の形をしたイタリアの中ほどにある面積61平方キロ（十和田湖《とわだこ》とほぼ同じ）、人口3万3000人ほどの小国。日本では地方都市の規模《きぼ》ながら、れっきとした国連加盟国。それどころか、2世紀に建国されたといわれ、現存《げんそん》する「世界最古《さいこ》の共和国」でもあります。

中小の王国や公国がイタリア王国として統一されたのは意外に新しく、1861年。日本では、その前年に「桜田門外《さくらだもんがい》の変《へん》」があるなど、幕末《ばくまつ》の混乱期に当たります。その際、サンマリノは共和国として独立を維持することに。とはいえ、港もない山国。これといった近代産業も見当《みあ》たりません。

近代国家の体面を保つために、切手を使用する郵便制度が発足したのは1877年。ちなみに、日本は1871年。世界的な郵便制度の普及《ふきゅう》に伴《ともな》って、切手の収集家も生まれます。これに着目したサンマリノ政府は、特に20世紀になると、収集家向《む》けに魅力的な切手を次々と発行。貴重《きちょう》な新財源となります。

イタリア大統領来訪（1984年）

1932年には、アドリア海に面するイタリアの都市リミニとの間に登山電車が開通。観光客も訪れるように。現在は自動車道路が取って代わり、観光は重要産業に成長。国旗中央の国章に描かれたチタノ山の三つの城塔は、この国のシンボル。硬貨・切手博物館と共《とも》に大切な観光スポットです。

ちなみに、この国はイタリア通貨を使っていますが、独自のコインの発行は認められています。古城からは眼下《がんか》にアドリア海が広がり、天気が良いと、はるかにクロアチアの山々が望《のぞ》めます。

2

マルタ共和国

地中海に浮かぶ要衝《ようしょう》、世界遺産の島国

イタリア南部、シチリア島の南方80キロほどに浮かぶ、大きさが淡路島の半分ほどの島国マルタ。地中海の十字路に当たる要衝《ようしょう》とあって、古くからギリシャ、フェニキア、ローマ、アラブなど多くの民族が押し寄せました。

現在の住民の中心はアラブ系。しかし、敬虔《けいけん》なキリスト教徒が大半を占《し》め、アラビア語の方言ともいわれるマルタ語は、アルファベット表記です。

その原因は、16世紀の初めにこの島を占拠《せんきょ》した「マルタ騎士団《きしだん》」にあります。彼らは、いわば軍医の役割をもって十字軍に参加していましたが、エルサレムからの撤退後《てったいご》、ロードス島（ギリシャ）を経《へ》て、たどり着いたのがマルタ島。数世紀にわたる統治《とうち》は、島の

文化を一変させます。

18世紀に一時、ナポレオン軍に占領されましたが、ネルソン率《ひき》いる英国艦隊の手に落ち、以後、英国はこの島を領有《りょうゆう》。マルタ騎士団は、再び追われる身となります。

マルタ騎士団領（SMOM）本部（1993年）

この時、彼らに手を差し伸べたのがローマ法王でした。法王はローマ市内にテニスコート数面分の〝領土〟を与えましたが、これが今も続く「マルタ騎士団領」です。通常、頭文字から「SMOM《スモム》」と呼ばれます。主権国家の待遇《たいぐう》を得て、独自の通貨や切手も発行。文字通り、世界最小の国家となっています。

さて、マルタ島は1964年に独立します。その後、この島を世界中が注目したのは89年。冷戦の終結《しゅうけつ》を導《みちび》いた米ソ首脳会談が、この島の沖合《おきあい》に停泊《ていはく》したソ連客船で開《ひら》かれた時で、マルタでは記念切手を発行しています。

3

スペイン王国

領土・民族問題抱《かか》える芸術と観光の国

スペインは大航海時代、世界に雄飛《ゆうひ》し、中南米を中心にスペイン語の文化遺産を残しました。面積は50万平方㌔。イベリア半島の過半を占め、ヨーロッパでは数少ない日本より広い国。しかし、複雑な領土や民族の問題を抱《かか》えています。

半島南端のジブラルタルは18世紀以来、英国の直轄《ちょっかつ》植民地。再三の返還要求にも、英国は頑《がん》として応《おう》じません。実はスペインにも弱みがあって、対岸のアフリカ・モロッコ領内に飛び地で有する二つの港町セウタとメリリャは、返還を迫られる立場にあるのです。

〝難攻不落《なんこうふらく》の要塞《ようさい》〟ジブラルタルの岩山の内部の様子はともかく、今では山頂までケーブルカーが通じる観光地。ここからアフリカ大陸までは、東京湾アクアラインほどの距離。前面にアフリカ大陸、左手に地中海、右手には大西洋が広がる、まさに天下の絶景《ぜっけい》です。

内戦や、その後のフランコの独裁などの傷痕《きずあと》も癒《い》え、今はEU（欧州連合）の一員。ひと頃ほどの経済発展はみられませんが、明るい南欧の太陽が輝く浜辺は、北欧や中欧からの長期滞在客を迎え、観光は基幹《きかん》産業の一つ。ゴヤやピカソの名画、今なお建設中のガウディの聖家族聖堂《サグラダ・ファミリア》、アルハンブラの世界遺産、かつてジプシーと呼ばれたロマの人たちの魅惑的《みわくてき》な演奏や、闘牛を一度は見たいと思う向きも……。この国の国際的な観光資源は豊富です。

ピカソ生誕100年（1981年）

　現在のスペインが抱える最大の課題は、分離独立を要求する北部のバスク族や、東北部のカタルーニャ州への対応。その行方《ゆくえ》を世界中の人たちが見守っています。

4

イスラエル国

民族の長年の夢を実現したユダヤ人の国

1948年の英国統治《とうち》終了時、地中海東岸のパレスチナをアラブ系と分割《ぶんかつ》するという国連の調停案《ちょうていあん》で建国したのがユダヤ人の国イスラエル。人口923万人のこの国は、2018年に建国70年を迎えました。切手の文字はユダヤ教の聖典・旧約聖書の言語を基《もと》に創造し、国語とした近代ヘブライ語。通貨単位シェケルも古代のものです。

実はユダヤ人たちは紀元前の旧約聖書が編《あ》まれた時代、エルサレムを中心に王国を築《きず》いていました。しかし、ローマ軍に敗《やぶ》れて祖国を追われ、ユダヤ教を胸に欧州各地に離《り》散《さん》。移住先の領主や住民からも、たびたび迫害《はくがい》を受けます。

19世紀末、「ユダヤ民族は祖国を持つべし」とする《シオニズム運動》が起《お》こります。

シオンはエルサレムの別称。

第1次世界大戦中、英国外相バルフォアは、この運動の指導者に対し、戦後、ユダヤ人のパレスチナ復帰《ふっき》と母国の創建《そうけん》を約束。その結果、世界各地から多数のユダヤ人がこの地に移住し、アラブ系パレスチナ人との紛争《ふんそう》が急増《きゅうぞう》しました。

正義の外交官たち（杉原千畝は右から2番目、1998年）

一方、第2次世界大戦中のナチス・ドイツによるユダヤ人の大虐殺《だいぎゃくさつ》に際し、「命のビザ」を発給した杉原千畝《ちうね》のような救援者もいましたが、犠牲者は600万人とも。

戦後、国連の調停に反発して侵攻を繰《く》り返《かえ》すアラブ諸国軍に新生イスラエルは反撃。逆に占領地が拡大。そのため、長年、住み慣《な》れた土地を追われたアラブの人たちは難民となって、ヨルダンなど隣接《りんせつ》諸国へ。イスラエルは、占領したヨルダン川西岸やガザ地区に自治政府を容認《ようにん》し、自治政府は独自の切手も発行しています。しかし、独立は認めていません。イスラエルとアラブ系との共存《きょうそん》は、現代の重い課題です。

5 オランダ王国

「海洋」から「大陸」の国家へ　欧州統合へ

「神は海をつくり、人は陸地をつくった」――今もこの国を語る時に、しばしば使われる言葉です。切手の国名表記にある「低地」（ネーデルラント）が、この国本来《ほんらい》の名称。「オランダ」は、スペインからの独立戦争当時から最重要の州であった、オランダのホラント州に由来《ゆらい》しています。

低い土地に運河を巡《めぐ》らし、偏西風を利用した風車の力《ちから》で排水《はいすい》し、干拓《かんたく》で牧草地を増《ふ》やすなど、国土を広げる一方、積極的に海外に進出。しかし、イギリスに覇権《はけん》を奪《うば》われます。北アメリカの植民地の中心、ニューアムステルダムはイギリス領となり、ニューヨークに。南アフリカもボーア戦争で失います。

江戸時代を通じ、日本が唯一《ゆいいつ》外交関係をもった、この欧州の国オランダへの関心は、武士階級や一部の医師などに限られ、一般の庶民には、むしろ縁遠《えんどお》い存在でした。ただ、南米アンデス原産のジャガイモが唯一の例外。当時、オランダ最大の植民地で「ジャガタラ」と呼ばれた、インドネシアのジャワ島から伝わったので、この名があります。

第2次世界大戦後、カクテルに使うキュラソーで有名なカリブ海の同名の島などを除《のぞ》く、ほとんど全《すべ》ての植民地を失ったオランダは、欧州に回《かい》帰《き》。近隣《きんりん》の3カ国でベネルクス関税同盟を結《むす》びます。やがて主要3カ国を加《くわ》えて欧州経済共同体（EEC）、さらに発展させて欧州共同体（EC）、そして欧州連合（EU）へ。その間、ユーロポートの建設など、欧州統合へ力を惜《お》しまなかったこの国も、移民問題に端《たん》を発《はっ》した自国民のEUへの不満や各国の利害対立に悩《なや》みます。

農村の少女（1951年）

現代の「オランダ式勘定《ダッチアカウント》」（割《わ》り勘《かん》）が、これらを、どこまで調整し、欧州回帰の実を上げ得るかが、この国の当面の課題です。

6

カナダ

多文化共生《きょうせい》めざす環太平洋の隣国《りんごく》

米国と同様、北太平洋を隔《へだ》てた隣国《りんごく》ともいえるカナダへの関心は、日本ではあまり高いとはいえません。『赤毛のアン』やメープルシロップは思い浮《う》かんでも、後《あと》が続かないでしょう。

カナダは〝奇跡《きせき》の国〟ともいわれてきました。

2回の「米英戦争」をはじめ、米国による併合《へいごう》の野心をくじき、英国領であり続けたことにもよります。同時に、18世紀の「英仏植民地戦争」でフランスから獲得《かくとく》したケベックをはじめ、内政自治権を持つ諸地方《しょちほう》を連邦としてまとめたのは、ナショナリズムというより、むしろ硬軟《こうなん》取り混ぜた英国の植民地政策の結果ともいえるのです。

例えば、太平洋岸のブリティッシュコロンビアの連邦参加は、大陸横断《おうだん》鉄道の敷設《ふせつ》を条件に1871年に実現。また、1949年のニューファンドランドは財政破綻《はたん》が連邦参加の一因《いちいん》でした。

なお、カナダの正式国名は「CANADA」。「連邦」は付きません。約3800万人のカナダ国民のほとんどは、ヨーロッパなど世界各地からの移民で、香港《ホンコン》の中国返還《へんかん》の前後には、同地からの移民が急増《きゅうぞう》。今も中東からの移民に制限《せいげん》はありません。それどころか、アジアなどからの移民に対しては、出身国の言語の保持《ほじ》を促《うなが》す「継承語《けいしょうご》教育」さえ試《こころ》みられています。

メープルリーフの国旗制定（1965年）

一方、先住民イヌイットは、彼らの伝統的生活圏の一部でもあるハドソン湾を含《ふく》め、北極海諸島の広大な地域にヌナブト準州が99年に創設《そうせつ》され、自治権が与えられました。

このように多文化の共存《きょうそん》が一つの国策とされる中で、65年に制定された赤いカエデの新国旗は、国民統合の絆《きずな》として広く歓迎されています。

7

キューバ共和国

カリブの心を音楽で世界へ

カリブ海の〝砂糖の島〟として漠然《ばくぜん》と知られてきたキューバが、にわかに人々の関心を集めたのは、1959年のカストロによる革命政権の出現でした。さらに、米ソの冷戦を背景に、社会主義化とソ連によるミサイル基地の建設は、世界の人々を核戦争の恐怖におののかせました。

当時の米国大統領ケネディの果敢《かかん》な対処でミサイル基地は撤去《てっきょ》されましたが、社会主義体制は維持《いじ》されてきました。

しかし、後《うし》ろ盾《だて》のソ連の崩壊後《ほうかいご》は、カナダや欧州からの観光客の受け入れなど、社会主義的統制《とうせい》が緩《ゆる》められます。2014年、キューバ政府は米国との国交正常化を発表。

翌年には半世紀ぶりに、双方《そうほう》に大使館が開設されました。

革命の直接の原因は、前政権の著《いちじる》しい腐敗《ふはい》にありましたが、米西戦争を機《き》に達成したスペインからの独立後も米国の半植民地状態にあったことが、革命を成功させた一因《いちいん》といえるでしょう。

キューバは、スペイン系の人々と共《とも》に、主にサトウキビ栽培に関わるアフリカ系や、ムラートと呼ばれる、その混血の人々の存在が無視できません。彼らは、打楽器を主とする優《すぐ》れたリズム感覚でスペイン音楽を吸収。独自のダンス音楽を楽しんできました。

革命の英雄チェ・ゲバラ没後15年（1982年）

19世紀にビゼーがオペラ「カルメン」に取り入れた「ハバネラ」は、まさにハバナ近郊の民衆のダンス曲が原点。多様な民俗打楽器でリズムを刻《きざ》む「ルンバ」「ソン」「マンボ」など、キューバ生まれのダンス音楽は、今も世界中に多くのファンを持ちます。近年、再び世界的に注目され始めたキューバ音楽が、新しい自由な日常生活の中で、さらに発展することが期待されます。

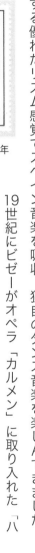

8

アメリカ合衆国

ポピュラー文化を発信する理念の大国

北極圏から南半球に及《およ》ぶアメリカ合衆国は、1000万平方キロに近い国土に3億の人口を抱《かか》える大国。先住民もいますが、国民のほとんどが欧州をはじめ、数百年にわたる世界各地からの移民です。

18世紀に本国の植民地政策への不満《ふまん》から、大英帝国への反逆の大罪を犯《おか》しての独立には、フランスの啓蒙《けいもう》思想の影響が強く、自由や民主主義など、今でこそ人類が普遍的《ふへんてき》に目指《めざ》すものを建国《けんこく》の理念としました。建国100年を記念して、1886年にフランス国民があの「自由の女神像」を贈ったのも、うなずけます。

そのため、ソビエト革命やナチスの台頭《たいとう》を逃《のが》れた多くの人々を温《あたた》かく迎《むか》え入れてきました。その中には、著名《ちょめい》な芸術家や科学者も。一方で、建国の理念に曇《くも》りが生《しょう》ずることも少なくありませんでした。ハワイ王国の強引《ごういん》な併合《へいごう》や数々の人種差別など。ただ、それらはやがて批判勢力によって復元されていきます。1950年代、60年代の公民権運動は、その代表例かもしれません。第2次世界大戦中の日系人の強制収容も、80年代以降に戦後補償《リドレス》されました。

　移民大国アメリカは、普遍性の強いポピュラー文化の大国でもあります。メルヘンの世界をアニメどころか地上に実現したディズニーランドはもちろん、クラシックにジャズを取り入れ、大都会の喧騒《けんそう》を描き出し、黒人を初《はじ》めてオペラに登場させたガーシュイン、舞台《ぶたい》を海外に求めつつも平易《へいい》なタッチで人間性を追求したヘミングウェーの作品等々。いずれもアメリカ的ながら、世界中の人々から受け入れられてきました。そういえば、郵便切手の図柄《ずがら》もポピュラー文化に見えてきます。

女優マリリン・モンロー（1995年）

9

国際連合

人類が夢と未来を託《たく》す一大機構《いちだいきこう》

国際連合は、第2次世界大戦直後、国際平和の維持《いじ》と国際協力の推進を目指して設立されました。憲章《けんしょう》の発効《はっこう》とともに、1945年10月に成立。本部はニューヨークに置かれました。

多様な文化や国家理念の異《こと》なる200近い国々が一堂《いちどう》に会《かい》する機構《きこう》の設立は、確かに素晴らしいことです。

しかし、もっとも大切な国際平和の維持を考えても、構成国間の利害の対立は著《いちじる》しく、特に安全保障理事会の戦勝国5カ国の持つ、いわゆる拒否権は、有事の際に自縄《じじょう》自縛《じばく》となり、機能不全《ふぜん》となりがちです。

1950年の朝鮮戦争の際、アメリカを中心に「国連軍」が組織できたのは、当時、ソ連が国連をボイコットしていたためでした。

国連には、総会や安全保障理事会などのほか、児童福祉に関わるユニセフ（国連児童基金）や、オランダ・ハーグの国際司法裁判所、世界遺産の登録を巡《めぐ》り、近年、話題の多いユネスコ（国連教育科学文化機関、本部はフランスのパリ）など、多くの専門機関からなっています。

ニューヨークのほか、スイスのジュネーブやオーストリアのウィーンにも、その後、新たな機関や事務局が設立され、本部事務局の郵便局と同様、独自の切手を発行。国連活動のPRとともに、収集家向けでもあり、財政の一助ともなっています。

国連本部の建物（1951年）

日本は、世界第2位の分担金《ぶんたんきん》を拠出《きょしゅつ》。東京・渋谷には、緊急性の高い地球的問題群の解決等に取り組む国連大学の本部があります。今や国際的な一大《いちだい》機構となった国連ですが、現在もなお構成途上《とじょう》にあり、その活動や改革《かいかく》を絶《た》えず推進し、目的に沿《そ》った機能を一層《いっそう》、強化していくべきでしょう。

10

南アフリカ共和国

アパルトヘイトの壁《かべ》を打ち破って

わが国からは、はるかなこの国も、人気の高い白ブドウ酒へのファンは日本にも多いとか。この温暖《おんだん》な地中海性気候の地に入植《にゅうしょく》し、船舶《せんぱく》向けに野菜栽培を始めたのはオランダ人。江戸時代、長崎に商館を開《ひら》いた当時、オランダ人はインドネシアの島々を領有《りょうゆう》。帆船《はんせん》はアフリカ南端経由《けいゆ》でやって来ていたのです。

しかし、18世紀末に英国は南アフリカを占領《せんりょう》。英国の支配を嫌《きら》った、ボーアと呼ばれたオランダ人は、内陸に新《あら》たな土地を求めて北上。先住民を征服《せいふく》しつつ、トランスバール共和国とオレンジ自由国をつくります。やがて、この地にダイヤモンドや金鉱山が発見されると、英国の鉱山王セシル・ローズは両国の併合《へいごう》をもくろみます。ボーア戦争の結果、1910年、両国は英領南アフリカ連邦の一部となりました。

第2次世界大戦後、ボーア人の国民党が政権を握《にぎ》ると、人口の1割強にすぎない白人優位《ゆうい》のアパルトヘイト（人種隔離《かくり》政策）を強行。ついには黒人たちの集住《しゅうじゅう》地域をそれぞれ「国家」として、象徴的《しょうちょうてき》に独自《どくじ》の切手も発行。地域外に住む黒人は、その「国家」からの「移民」とされました。

新国旗（1994年）

この極端《きょくたん》な人種差別への反対運動は急速に激化《げきか》。弾圧《だんあつ》による犠牲者《ぎせいしゃ》も多く、国際的な非難《ひなん》を浴《あ》びて孤立し、91年には、その撤廃《てっぱい》を余儀《よぎ》なくされます。94年、全人種の参加による総選挙が実施され、〝撤廃闘争の指導者〟ネルソン・マンデラが大統領に就任《しゅうにん》しました。

日本の3倍以上の国土に人口5800万人のこの多民族国家は、治安《ちあん》問題をはじめ、今なお克服《こくふく》すべき課題《かだい》を多く抱《かか》えています。しかし、天然資源に恵《めぐ》まれ、各種インフラも整《ととの》ったこの国は、大きな可能性を秘《ひ》めています。

11

ニュージーランド

マオリとの共存《きょうそん》共栄《きょうえい》を目指す島国

キウイフルーツでおなじみのニュージーランドは、南半球にありながら、日本とも自然地理的な共通点があります。

大陸の東側にある島国で火山活動が見られ、富士山そっくりのエグモント山も。地震も起《お》こり、先年、クライストチャーチで多数の日本人留学生が被災《ひさい》した記憶《きおく》もよみがえります。ただ国土が東日本より高緯度《こういど》地域になるため、偏西風《へんせいふう》の影響は、はるかに強く、首都ウェリントンは風が名物。

この国の切手には「アオテアロア」の国名も。これは、国民の約1割を占《し》める先住民マオリがこの島に付けた名称で、「白く長い雲のたなびく地」の意とか。13世紀のころ、ソシエテ諸島などからこの島にやって来たマオリの人たちが、海上から眺《なが》めた風景なのでしょうか。

確かに、南島のサザンアルプスやその西側は偏西風による雨や雪が多く、雲に閉《と》ざされがちな最高峰のクック山周辺には氷河《ひょうが》も見られます。

山地の東側には、森林を焼《や》き払《はら》ってできた広大な牧草地が広がり、この国の人口（約504万人）の何倍もの羊《ひつじ》を放牧《ほうぼく》。羊毛と共《とも》に羊肉も19世紀末から冷凍船《れいとうせん》で、ヨーロッパに輸出してきました。羊を持ち込んだのは英国の宣教師。牧羊は急速《きゅうそく》に発展しますが、マオリの人たちとの土地争《あらそ》いが激化《げきか》し、ついには戦争に。19世紀中頃、10年以上も断続的《だんぞくてき》に続いた戦争の後、ヨーロッパ人とマオリの共存共栄《きょうそんきょうえい》の国家が目指《めざ》され、発展していきます。

先住民との共存（2000年）

18世紀にこの島の海岸線を精査《せいさ》したクック船長にちなむクック山はアオラキ山に、北島のエグモント山もタラナキ山と、マオリの人たちの呼《よ》び名《な》に戻《もど》すなど、先住民の伝統文化も大切にされています。

12

インドネシア共和国

日本と関《かか》わり深いASEAN《東南アジア諸国連合》の盟主《めいしゅ》

江戸時代、「ジャガタラ」の名で知られていたオランダ領の島々がインドネシア。2億7000万人以上の人口と1万3000以上の島々からなる、世界最大のイスラムの国。バリ島やボロブドゥールの仏教遺跡《いせき》は、日本人観光客にも人気です。

第2次世界大戦は、日本とこの地域との関《かか》わりを一気《いっき》に深めました。日中戦争が泥沼《どろぬま》化《か》していた1941年、日本軍は親独政権下のフランス領インドシナ南部に進駐《しんちゅう》。日米関係は決裂《けつれつ》し、米国は日本への石油輸出《ゆしゅつ》を禁止《きんし》します。国産の石油は需要《じゅよう》の1割。結局、無謀《むぼう》な太平洋戦争に突入《とつにゅう》するのです。

日本軍が目指《めざ》したのが、スマトラ島のパレンバン油田《ゆでん》。オランダ本国はドイツ軍の占領下《せんりょうか》にありましたが、日本軍は植民地軍による油田の爆破《ばくは》を恐《おそ》れ、落下傘部隊《らっかさんぶたい》によって占領。その後、終戦時まで、日本軍は現在のインドネシアのほぼ全土を軍政下《ぐんせいか》に置《お》きました。

この国では20世紀初頭《しょとう》から知識人による、ひそかな独立運動がありましたが、言葉の壁《かべ》がその広がりを阻《こば》みます。庶民《しょみん》の多くは、それぞれの地方語で生活していたからです。知識人たちが、この地域の交易語《こうえきご》を基礎に多くの外来語《がいらいご》を取り入れて共通語としたのが、今のインドネシア語。

日本も建国《けんこく》運動には協力的で、45年8月17日——終戦の2日後には独立宣言が出されています。しかし、その後、4年に及ぶオランダ軍との独立戦争には、復員《ふくいん》を拒《こば》んだ一部の日本軍も加《くわ》わりましたが、苦戦《くせん》が続きます。やがて国際世論がインドネシアに味方《みかた》し、国連加盟《かめい》も果《は》たしました。

日本人妻で有名な初代大統領スカルノの時代から、分離《ぶんり》独立を主《しゅ》張《ちょう》する地域やイスラムの過激《かげき》集団もあり、この東南アジア諸国連合（ＡＳＥＡＮ）の盟主《めいしゅ》は、国家の統一が今なお課題となっています。

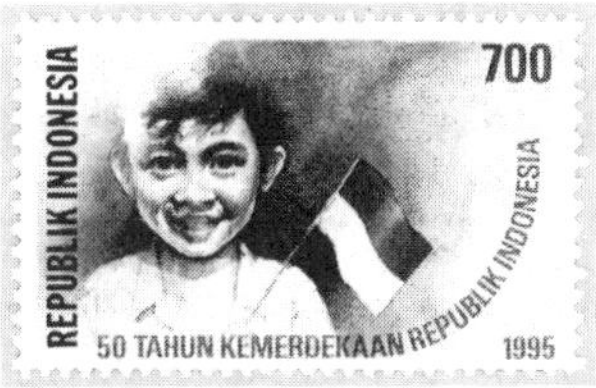

独立50周年（1995年）

13

インド

IT革命で目覚《めざ》めた南アジアの巨象《きょぞう》

西ヨーロッパとほぼ同面積のインドについて、日本ではお釈迦様《しゃかさま》と象《ぞう》のイメージだけの人も。しかし、仏教徒はごくわずかで、ヒンズー教徒が8割。お近くの弁財天《べんざいてん》や吉祥天《きっしょうてん》など「天」がつくのも、実《じつ》はヒンズー教の神様です。

ムガール帝国の末期から200年にわたり英国の支配を受けたインドでは、ガンジーをはじめ、多くの若者が独立運動に身を投じてきました。太平洋戦争中、日本軍占領下《せんりょうか》のシンガポールで「自由インド軍」を組織したチャンドラ・ボースも、インドの切手には愛国者として再三、登場《とうじょう》しています。あの悲惨《ひさん》なインパール作戦も、彼の意をくみ、インドを解放して戦局の挽回《ばんかい》を目指《めざ》すものでした。

第2次世界大戦後、念願《ねんがん》の独立を果《は》たしましたが、英国の支配を恨《うら》むより、英語と行政組織をあえて遺産《いさん》とし、国家発展に活用しているのは、さすが人口13億を超《こ》える大国インド。独立後、ヒンディー語を公用語としましたが、実際には各地で多様な言語が話されているため、英語を準《じゅん》公用語に。切手にも併記《へいき》されています。

独立以来の基幹《きかん》産業国営化政策も、1991年の新経済政策によって大幅に自由化。その結果、爆発的に発展したのがIT企業です。確《たし》かにコンピューターに不可欠《ふかけつ》なゼロの発見はインド。20×20までの九九も有名。

今では、南部の大都市バンガロールやハイデラバードの郊外《こうがい》は、IT企業群《ぐん》の一大拠点《いちだいきょてん》に。米国のシリコンバレーはもちろん、日本でも既《すで》に英語に堪能《たんのう》なソフト開発のインド人技術者が活躍《かつやく》しています。今はコロナ禍《か》に苦しみながらも、一度、目覚《めざ》めた巨象《きょぞう》インドはITを駆使《くし》しつつ、インフラ整備や社会改革まで一気に推進していくことでしょう。

国民軍創設者チャンドラ・ボース生誕67年（1964年）

14

シンガポール共和国

奇跡《きせき》の発展続けるアジアの都市国家

マレー半島の先端《せんたん》にある、東京23区ほどの広さの島国がシンガポール。13世紀には、マレー人の交易都市シンガプーラが栄えていたとか。しかし、19世紀初頭に英国が中継貿易の拠点《きょてん》として目をつけた頃は、ほとんど熱帯雨林に覆《おお》われていたようです。

この地を領有《りょうゆう》した英国は、近代的な港湾《こうわん》を建設。マレー半島のゴムやスズの輸出港として急速に発展しました。東南アジア経済の中心から、軍事の拠点ともなります。

人口570万のうち、マレー系《けい》やインド系は少なく、中国系の住民が8割近くを占《し》めます。かつて「南洋」と呼《よ》ばれた、この東南アジアに商機を求めた日本の商社も、相次《あいつ》いで進出。1912年には彼らの子弟のために、現在の海外日本人学校の先駆《せんく》ともいえる「新嘉坡《シンガポール》日本小学校」が設立されています。

第2次世界大戦中は日本軍の占領下《せんりょうか》でしたが、戦後は再び英国の統治下に。マレーシア連邦《れんぽう》に参加後も、利害の対立で65年に分離《ぶんり》。独立当初は失業率も高く、その存続《そんぞく》さえも危《あや》ぶまれましたが、西南部のジュロンに大工業団地を造成。日本の造船会社をはじめ、多くの海外企業の誘致《ゆうち》に成功します。大規模《だいきぼ》なチャンギ国際空港は、東南アジア諸国連合（ASEAN）のハブ空港に成長。金融《きんゆう》の中心としての機能も整《ととの》っています。

チャンギ国際空港（1991年）

　順調な発展を続けるこの国の悩《なや》みは、水資源不足。降《こう》水量《すいりょう》は多く、各地に貯水池《ちょすいち》はあるものの、なお不足分を水道管でマレーシアから輸入しています。ASEAN諸国とはもちろん、諸外国との友好親善《しんぜん》こそが、シンガポールの繁栄《はんえい》の源泉《げんせん》。韓国と北朝鮮の双方《そうほう》と国交を持つこの国が、初の「米朝首脳《しゅのう》会談」の地とされたのも、うなずけます。

15

タイ王国

日本との関係深い東南アジアの王国

国土の形が時に象の横顔に例《たと》えられるタイ王国。かつて木材の運搬《うんぱん》などで活躍した象も、近代化の進展で今は専《もっぱ》ら観光客が相手とか。

近代化が始まった19世紀は、この国にとって多難《たなん》な時代でした。東からはフランスが、西と南からはイギリスが領土を侵食《しんしょく》します。両勢力の緩衝《かんしょう》国《こく》的立場を利用しつつ、東南アジアで唯一《ゆいいつ》、独立を守り得たのは、やはり歴代の名君によるところが大きいのでしょう。

ミュージカル映画「王様と私」でユル・ブリンナーが演じたのは、1851年に即位《そくい》したモンクット王。彼は映画のように、王子や王族の子弟にイギリス人の家庭教師による近代的な教育を受けさせます。この時の英明な王子がチュラロンコン。やがて、国民の崇敬《すうけい》を集める開明《かいめい》君主となります。タイの最も著名《ちょめい》な大学に彼の名が冠《かん》されていますが、教育制度の整備をはじめ、近代国家の基礎を築きました。

この国が「タイ」と改称《かいしょう》したのは、第2次世界大戦直前の1939年。それ以前は、闘鶏《とうけい》に名残《なごり》を見る「シャム」。この時代も多難でした。

東南アジアへの軍事的進出を目指《めざ》す日本と軍事同盟《どうめい》を結《むす》び、米英に対する宣戦布告《せんせんふこく》を強《し》いられました。しかし、日本が戦況《せんきょう》不利《ふり》になると、ドゴールの「自由フランス」に似《に》た「自由タイ」が、ひそかに活躍。戦後、その政治的立場をアメリカが認《みと》め、敗戦国となるのを免《まぬか》れます。

1887年のチュラロンコン国王の肖像切手を再現（1992年）

60年代以後、日本の自動車工業をはじめ、外国資本が流入。急速に工業化が進みます。日本とタイの貿易も盛《さか》んで、食品や雑貨など、この国からの輸入品も多くみられます。美味《びみ》だった昨夜のビールや焼き鳥も、タイ産だったのでは!?

16

モンゴル国

よみがえったチンギスハンの国

日本の相撲界《すもうかい》で大活躍のモンゴルの力士《りきし》たち。その母国について、日本ではあまり知られていないようです。

この切手は、彼らの英雄《えいゆう》チンギスハンの生誕《せいたん》800年を記念し、1962年に発行予定だったもの。しかし、切手には「戴冠《たいかん》1189年」という印刷が加《くわ》えられています（加《か》刷《さつ》切手）。後述しますが、この国を知る鍵《かぎ》がここにあります。

牧場化の進展で今では消滅寸前《しょうめつすんぜん》となりましたが、モンゴル人の伝統的生業《なりわい》は羊などの遊牧。各族長の下《もと》、広大な草原の一定区域《くいき》で家畜群を統制、ゲル（住居）と共《とも》に移動しつつ飼育していました。一度はユーラシアに覇《は》をとなえ、中国大陸に元朝を建《た》てた彼らも、その指導者を失うと遊牧民に戻《もど》り、19世紀には清《しん》とロシアの二大帝国に引《ひ》き裂《さ》かれます。ロシアはバイカル湖東方のブリヤートの地を獲得《かくとく》。清の支配するモンゴルの祖地は二分され、北部は外蒙古《もうこ》、南部は内蒙古に。農地を持たない漢民族にとって、緑豊かな草原は入植適地に映《うつ》ります。清は、外蒙古への入植は禁じましたが、内蒙古への規制は緩《ゆる》やかだったため、紛争《ふんそう》が頻発《ひんぱつ》しました。やがて、内蒙古にも独立の機運が高まりますが、中国軍に弾圧《だんあつ》されます。一方、ソ連の軍事力を頼《たよ》りに独立した外蒙古の「モンゴル人民共和国」は、宗主国《そうしゅこく》をソ連に変えただけの名ばかりの独立国でした。

先の生誕800年の記念切手も、文字が加刷される前はソ連の干渉《かんしょう》で発行中止になったものです。13世紀にモスクワまでモンゴル軍にじゅうりんされた史実が、こけんにかかわるためでしょうか。しかし、ソ連の落日が迫《せま》る1990年、「戴冠1189年」と英語で加刷し、発行されたのです。

チンギスハン戴冠1189年（1990年）

今やソ連のくびきを脱《だっ》し、「モンゴル国」と改称《かいしょう》。力士たちのように、自由で力強《ちからづよ》い歩みを始めています。

17

パラオ共和国

戦禍《せんか》を秘《ひ》めた太平洋の楽園

ミクロネシア南西部にある人口約2万のこの島国は、米国の信託《しんたく》統治を経《へ》て1994年に独立。今では日本の若い人たちの憧《あこが》れのダイビングスポットとして人気があります。赤道の北、日付変更線《へんこうせん》のほぼ西側に浮《う》かぶミクロネシアの島々は、米領のグアムを除《のぞ》き、第1次世界大戦まで、スペインから買収《ばいしゅう》したドイツが領有《りょうゆう》していました。

「日英同盟《どうめい》のよしみ」で参戦した日本は、この島々を占領《せんりょう》。戦後、ベルサイユ条約で国際連盟《れんめい》による日本の委任統治領となります。日本はこれらの島々を「南洋群島」と呼《よ》び、パラオ本島に隣接《りんせつ》するコロール島に「南洋庁」を置いて統治。特に、学校教育制度やインフラを整備し、農・漁業の振興《しんこう》を図《はか》りました。

コロール島の南には、有人・無人の小島が赤道まで連《つら》なります。とりわけ、北部の緑鮮《あざ》やかな島々は戦前、「南洋松島」などとも呼ばれましたが、この辺りは比較的《ひかくてき》浅く、海底にはサンゴや熱帯魚が見られ、ダイビングの適地でもあります。

しかし、七十数年前、この静かな美しい海では、日米両軍の死闘《しとう》が繰《く》り広《ひろ》げられました。中でも、ペリリュー島やアンガウル島では日本軍は玉砕《ぎょくさい》。米軍も大きな犠牲《ぎせい》を強《し》いられました。島が要塞化《ようさいか》される前に島民が他の島へ移されたのは、せめてもの救いです。

２０１５年４月、天皇、皇后両陛下（現在の上皇、上皇后）は慰霊《いれい》のため、ペリリュー島を訪《おとず》れました。島の最南端にある慰霊碑《ひ》「西太平洋戦没者《せんぼつしゃ》の碑」に供花され、深々と頭を下げられたのを、映《えい》像《ぞう》でご覧《らん》になった方《かた》も少なくないでしょう。

コロールにあった旧・日本の郵便局（1987年）

18

フィリピン共和国

独立への苦悶《くもん》 400年の時を耐《た》えて

東南アジアの入り口に当たるこの島国は、イメージ的には西欧の薫《かお》りが漂《ただよ》います。実際、カトリック教徒が9割近くを占《し》め、国名も16世紀のスペイン国王フェリペ2世にちなんでいます。

フィリピンは、16世紀の中頃からスペインの植民地となり、米西戦争後は米国の支配下に。切手にも再三、登場するホセ・リサールは19世紀末のスペイン留学後、改《あらた》めて母国の惨《みじ》めな姿《すがた》を知ります。結果、熱烈《ねつれつ》な愛国主義者となり、理想主義的で行動的な思想家となりました。志《こころざし》半《なか》ばで斃《たお》れましたが、その思想はアギナルドなど、建国の英雄《えいゆう》たちに受《う》け継《つ》がれていきます。

太平洋戦争中、侵攻《しんこう》した日本軍は比較的《ひかくてき》容易に全土を占領《せんりょう》し、軍政下ながら独立も許《きょ》容《よう》。やがて1944年秋、マッカーサー率《ひき》いる米軍は中部のレイテ島に上陸。さらにマニラの猛爆後《もうばくご》、ほぼ全島を奪回《だっかい》しました。日本軍は市街戦を避《さ》け、既《すで》に山地に退《しりぞ》いていました。執拗《しつよう》ともいえる米軍の奪回作戦の一因《いちいん》は、この地がマッカーサーの生まれ故郷《こきょう》のためだった、とも。

46年、米国から独立しましたが、これは「第3共和国」。実《じつ》は米西戦争当時、対スペイン独立戦争でアギナルドが大統領となった短命ながら共和国を樹立《じゅりつ》していたためで、切手も発行していました。しかし、米国はその独立を認《みと》めていなかったのです。

今や人口1億人を超《こ》えるこの国は、スペイン領時代からの国民の貧富の格差を引き継ぎ、海外への出稼《でかせ》ぎがなお重要な収入源の一つに。一方、美しいビーチリゾートには外国人観光客も多く、首都近郊《きんこう》の再開発など、近年は経済の新たな発展が見られます。

第1共和国成立100年を目指して（1994年）

19

タヒチ島と仏領ポリネシア

独立へ向かうか　世界的な憧《あこが》れのリゾート

太平洋のハワイ諸島とイースター島、そして、ニュージーランドに囲《かこ》まれた範囲《はんい》がポリネシア。このうち、タヒチ島を中心とした広大な海域《かいいき》の島々が今もフランスの領土です。

住民の多くは、日本人と同様、赤ちゃんのお尻《しり》に青いアザのある、アジア系《けい》のモンゴロイド。ゴーギャンの絵画では、人々は皆《みな》、のんびり暮《く》らしているように見えますが、元来は精悍《せいかん》な海洋民族。アウトリガー（舷外浮材《げんがいふざい》）で安定させた小舟《こぶね》を操《あやつ》って太平洋に乗り出し、特定の星の沈《しず》む位置で方位を知ったといいます。

1000～2000㍍級の大小二つの火山島が合体したタヒチ島は、周辺の島々と共《とも》に世界的な憧《あこが》れのリゾート。航空会社「エア　タヒチ　ヌイ」が成田にも乗り入れています。中心都市パペーテは、島の北西岸にある港町。その大通りをそぞろ歩きする観光客に人気なのが、仏領ポリネシア特産の黒真珠《くろしんじゅ》。養殖物《ようしょくもの》ながら、かなり高価で、母貝はクロチョウガイ。日本のアコヤガイとは異《こと》なります。しかも養殖場はタヒチ島の東、1500～2000キロも離《はな》れた小さな島々です。

フランスは1960年代まで、アフリカをはじめ世界各地に広大な植民地を持っていましたが、次々と独立を認《みと》めてきました。かつてゴーギャンを魅了《みりょう》した、カリブ海のマルティニク島などは「海外県」に。一方、この仏領ポリネシアは、なお実質的にフランスの統治下に置かれています。近隣《きんりん》の島々の独立で、19世紀末まで王国の続いたタヒチでも独立への動きがあります。

1900年頃の女性（1985年）
©Seikyo Shimbun

しかし、トンガ王国のように、多額の債務《さいむ》の棒引《ぼうび》きと引き換《か》えに、中国の「一帯一路」戦略に取り込《こ》まれた例を見ると、独立には、よほどの慎重《しんちょう》さが必要かと思われます。

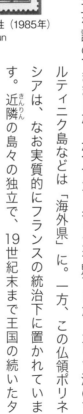

20

仏領ニューカレドニア

ニッケル鉱と悲劇《ひげき》の日系家族の島

オーストラリアの東方、約1500キロに浮《う》かぶ、四国ほどの広さの島が仏領ニューカレドニア。人口は30万人にも満《み》たない島です。この辺《あた》りは「メラネシア」。皮膚《ひふ》の黒い人たちが先住民。しかし、島には、かなりの数の日本人の血を引く人たちもいます。

島の南部にある中心都市がヌメア。街では、アジア系《けい》やヨーロッパ系の人が多く、南仏のイメージがあるとも。メラネシアンは、主に北の広大な土地で、悠々自適《ゆうゆうじてき》に伝統的な暮《く》らしをしているためかもしれません。

日本人移民史の研究者、小林忠雄氏の著作を手掛《てが》かりに歴史をひもとくと、19世紀にニッケル鉱が発見され、鉱山が開発されます。しかし、メラネシアンは伝統的な生活様式に満足し、鉱山で働く者はまれで労働力が不足。アジア各地から移民を募《つの》り、日本人もターゲットに。当初、この島がパリ・コミューン関係の流刑地《るけいち》とされていたため、日本政府は要請《ようせい》を拒否《きょひ》していました。

しかし、移民政策《せいさく》に積極的な外相、榎本武揚《たけあき》はこれを認《みと》め、1892年（明治25年）に600人の契約《けいやく》移民を送り出し、その後も移民は続きます。契約期間が終わると帰国者もいましたが、島内で野菜栽培《さいばい》や大工、小売店を開くなど、残る人も多かったのです。

悲劇《ひげき》は、太平洋戦争とともに始まりました。この地に定住していた日本人移民は財産を没収《ぼっしゅう》され、フランス人やベトナム人の妻と築いた家族から切《き》り離《はな》され、オーストラリアの収《しゅう》容所《ようじょ》に送られました。戦後、ごく一部の人は島に戻《もど》りましたが、多くは日本に送還《そうかん》されたままとなったのです。

南国の太陽のもと、こうした悲劇を秘《ひ》めながら、今ではヌメア南部を中心に、トロピカルリゾートの形成も進みます。

ニッケル鉱石の積み替え（1955年）

21

オーストラリア連邦

多民族共生《きょうせい》の社会を目指す資源《しげん》大国

TPP（環太平洋連携協定《かんたいへいようれんけいきょうてい》）の発効《はっこう》で、日本でもオージービーフのファンが増え、オーストラリアへの関心が高まるかもしれません。〝小なり〟といえども一つの大陸を領有《りょうゆう》するこの国は、農牧業とともに地下資源《しげん》も豊富で、日本も鉄鉱石や石炭を大量に輸入。乾《かん》燥《そう》した西部の海岸では、日本の商社による大規模《だいきぼ》な天日製塩《てんぴせいえん》まで行われています。

大英帝国の植民地から発展したこの国は、いわゆる「白豪《はくごう》主義」を続け、アジア系《けい》など有色人種の移住を制限してきた歴史があります。

一方で、明治時代からトレス海峡《かいきょう》の木曜島や北西部のブルームなどを中心に、契約《けいやく》労働者として潜水《せんすい》上手な日本人数千人を、白人の親方のもとでシロチョウガイ（真珠貝《しんじゅがい》）採《さい》取《しゅ》に従事《じゅうじ》させていました。その模様《もよう》は、司馬遼太郎《しばりょうたろう》の『木曜島の夜会』に。プラスチックなどの普及前《ふきゅう》は、この貝殻《かいがら》が高級ボタンなどの材料としてヨーロッパに輸出されていました。

第2次世界大戦後、「白豪主義」は国際的な批判もあって撤廃《てっぱい》されていきます。

ところで、1770年にクックが「発見」する、はるか前から、この大陸には肌《はだ》の黒い、狩猟《しゅりょう》を主とする人たちが暮《く》らしていました。アボリジニと呼《よ》ばれる先住民です。彼らは白人入植者から迫害《はくがい》されたばかりか、国勢調査の対象となったのが何と1967年。以後、急速に人権も認《みと》められ、彼らの聖地《せいち》への配慮《はいりょ》も進み、聖地「エアーズロック」への観光客の登山も禁止に。

オーストラリアの日（1982年）

「白豪主義」を捨《す》てたオーストラリアは今やアジア諸国《しょこく》からの移民にも門戸を開き、多民族共生《きょうせい》の社会を目指《めざ》しています。TPPへの参加のように、アジア諸国との政治・経済の連携強化が、新たな国策《こくさく》となってきました。

22

パプアニューギニア独立国

〝奇跡《きせき》の高地人〟と築く未来国家

オーストラリアの北方にある、世界第2の巨大《きょだい》な島がニューギニア。その東半分と北東の島々とともに、1975年に独立したのが、パプアニューギニア独立国です。島の中央部を4000㍍級の山脈が東西に走り、かつては、その南側がオーストラリア領のパプアで、一方、北側は旧ドイツ領ニューギニアでした。第1次世界大戦後、オーストラリアの統治を経《へ》て南側と合体し、独立国となったのです。なお、島の西半分はオランダ領からインドネシア領に。

首都となったポートモレスビーなど、これまで人々は島の低地のみに居住していると思われてきました。ところが、偶然《ぐうぜん》、密林《みつりん》地帯を抜《ぬ》けた山脈にも、多くの居住者のいることが分かります。それが何と1930年代後半のことでした。
63年、京都大学とインドネシアの探検隊《たんけんたい》が島の西半分の高地に入りましたが、同行して独自の調査をした本多勝一《ほんだかついち》が翌年、朝日新聞に連載《れんさい》したリポートに、人々は驚嘆《きょうたん》したものです。そこには整然《せいぜん》としたサツマイモ畑が広がり、日本の縄文《じょうもん》時代に当たる新石器時代のまま、多数の人々が自分たちの世界以外を知らずに暮《く》らしていたのです。

独立記念切手。地図と国旗（1975年）

一方、島の東半分の高地では、金沢大学にいた畑中幸子など、各国の研究者によるフィールドワークが進みます。しかし、そうした研究が追い付かないほど急速に、高地の人たちは新石器時代からジェット機の時代に突《つ》き進みます。この間、医療《いりょう》や教育に著《いちじる》しい進展も見られましたが、指導者の不足など課題は尽《つ》きません。

部族社会を超《こ》えて、人口860万人の「独立国」としての一体性の確保が目指《めざ》されている現在、それが人々の幸せに通じることを願わずにはいられません。

23

香港・マカオ

中国に刻《きざ》まれた世界帝国の残影《ざんえい》

中国南部の大河、珠江《しゅこう》の河口を挟《はさ》む二つの都市がマカオと香港《ホンコン》。マカオは、16世紀にポルトガルが東洋へのキリスト教布教の基地として領有《りょうゆう》。香港島は、19世紀にイギリスがアヘン戦争により清国から獲得《かくとく》。さらに、対岸の大陸の一部を1898年に向こう99年間租借《そしゃく》し、「新界《しんかい》」と呼《よ》んできました。両都市は20世紀末に相次《あいつ》いで中国に返還《へんかん》されましたが、向こう50年間、中国は「特別行政区」として現状維持《いじ》を約束しています。

明治6年の1873年、岩倉使節団一行が欧米からの帰路、香港に立ち寄った当時、既《すで》に人口は12万人余。欧風を取り入れた建物が並《なら》び、東京の京橋以南に似ているなどと『米欧回覧実記《べいおうかいらんじっき》』に記述があります。

中継《なかつ》ぎ貿易港として発展した香港は第2次世界大戦中、日本軍が占領《せんりょう》。マカオはポルトガルが中立国のため、直接的な変化はありませんでした。

この両都市は戦後、特に中国の政治・経済的影響《えいきょう》を受けますが、その一つが中国共産党による中華人民共和国の成立です。イギリスは先手を打って、西側による最初の承認《しょうにん》国《こく》となりました。北京政府にとっても、香港の存在は外貨獲得《かくとく》の窓口《まどぐち》として役立ったのです。その後は「香港フラワー」に代表される軽工業や観光業、さらには世界金融《きんゆう》市場へと発展が続きます。

深刻《しんこく》だったのは1967年の反英暴動《ぼうどう》。文化大革命の余波《よは》で、日本でも大学紛争《ふんそう》が激《はげ》しかった頃です。しかし、その過激化《かげきか》は一般市民の支持を失い、政庁の強硬策《きょうこうさく》で鎮静化《ちんせいか》しました。

返還から20余年後の今日《こんにち》、人々はこの間、民主主義を知ります。特に香港の若者たちは中国の政治的干渉《かんしょう》を嫌《きら》い、一部は海外に去り、あるいはデモに参加するなど、不満もくすぶっています。

マカオの切手。イエズス会（2006年）

24

南極大陸

探検《たんけん》から捕鯨《ほげい》、そして観測へ

南極点を中心としたこの大陸は約1400万平方㌔。オーストラリアの2倍近くに。その大部分は氷床《ひょうしょう》に覆《おお》われ、最も厚《あつ》いところは実《じつ》に4000㍍に達します。

この未知の大陸に挑《いど》んだ探検家《たんけんか》の一人に、日本の白瀬《しらせ》中尉《ちゅうい》も。彼は1912年、ロス海岸に上陸、付近一帯を探検して「大和雪原」と命名し、領有《りょうゆう》を宣言。戦後のサンフランシスコ条約で領有権は放棄《ほうき》しましたが、地名は国際的に正式に認《みと》められています。

日本が戦前から深く関わってきたのは、大陸周辺の南極海。夏に海面の氷が解《と》けると、小さなエビの仲間の「オキアミ」が大発生します。これを求めて集まる鯨《くじら》を、日本は早くから母船式捕鯨《ほげい》を導入《どうにゅう》して効率《こうりつ》よく捕獲《ほかく》しました。戦後、占領下《せんりょうか》で再開された捕鯨は、日本人の貴重《きちょう》なタンパク源《げん》に。学校給食のメニューを懐《なつ》かしく思い出される年配の方《かた》もおられることでしょう。

鯨の乱獲《らんかく》を防《ふせ》ぐための国際的な取り決めは戦前からありましたが、戦後の国際捕鯨条約では当初の資源《しげん》管理から環境《かんきょう》保護に流れが変わり、1982年には商業捕鯨の禁止が可決。日本はその後も資源調査の目的で捕鯨を続けてきましたが、環境保護と捕鯨の禁止を叫《さけ》ぶ私的な団体からの危険《きけん》な妨害《ぼうがい》などもあり、条約を脱退《だったい》。南極海捕鯨からも撤退《てったい》することになりました。

白瀬中尉南極探検50年（1960年）

南極大陸は戦前から英国をはじめ、南極点を中心に扇《せん》状《じょう》に分割《ぶんかつ》して領有を争《あらそ》い、切手の発行も。そのため、61年発効の南極条約によって領有権を凍結《とうけつ》、条約は10年ごとに更新《こうしん》されています。57〜58年の国際地球観測年を機《き》に、日本も各国に伍《ご》して「昭和」「あすか」「みずほ」などの観測基地を持ち、オゾンホールの観測など、多くの成果を上げています。

25

ベトナム社会主義共和国

戦禍《せんか》を克服《こくふく》し、新たな発展の時代

インドシナ半島の東部を南北に縁取《ふちど》るベトナム。日本でのイメージは、世代によって異《こと》なるかもしれません。シニアの方々には太平洋戦争中、日本軍が進駐《しんちゅう》した「仏印」として、中年の人たちは、あのベトナム戦争の印象が強いはず。若者には人気の海外旅行先の一つでしょうか。

「仏印」は、林芙美子《はやしふみこ》の小説『浮雲《うきぐも》』でヒロインが回想する「仏領インドシナ」のこと。北部は中国の支配を受け、中国文化が流入。その首都も、小説では「河内《ハノイ》」と記《しる》されています。「越南《ベトナム》」語のローマ字表記は、1930年代からのひそかな独立運動時代から普《ふ》及《きゅう》。日本の敗戦とともに、運動の指導者「胡志明《ホーチミン》」は独立を宣言します。

一方、植民地の回復を目指《めざ》した仏軍は結局敗《やぶ》れ、共産主義の進出を防ぐためとして泥沼《どろぬま》の介入《かいにゅう》を深めた米国も、悲惨《ひさん》でむなしい戦争の末に撤退《てったい》。やがて南北統一が実現します。南部の商業都市・西貢《サイゴン》をホーチミン市と変えた共産党政権は、社会主義経済政策《せいさく》には失敗。その結果、「刷新《さっしん》」を意味する《ドイモイ》と呼《よ》ばれる市場経済を導入《どうにゅう》。以降、日系など海外企業の進出も相次《あいつ》ぎ、経済は回復。米国とも国交を結《むす》び、東南アジア諸国連合（ASEAN）の加入も認《みと》められます。

ベトナム中部には、かつて「チャンパ」と呼ばれるヒンズー教の国が栄えていました。今では、その遺跡《いせき》は大切な観光資源《しげん》の一つです。

伝統的なアオザイを着た女性（1999年）

インドと中国の文化を受容しつつ、独自の文化が発展。さらに、フランス文化の薫《かお》りも残るベトナムを訪《おとず》れる日本人観光客は多くみられます。しかし、ハノイのカフェのコーヒーが国内産であるばかりか、この国が今やブラジルに次ぐ世界第2のコーヒー生産国に発展したとは気付かないかもしれません。

26 マレーシア

植民地遺産《いさん》の複合民族国家

南シナ海を挟《はさ》んで、西のマレー半島と東のボルネオ島北部からなるマレーシア。その成り立ちは複雑です。

大航海時代、マラッカ河口に拠点《きょてん》を築いたのはポルトガル。やがてオランダが進出。しかし、本格的な植民地経営に乗り出したのはイギリスでした。その一つが、首都クアラルンプール付近の錫《すず》鉱山の開発。錫は、鉄板に錫をメッキしてブリキにするなど、需《じゅ》要《よう》の高い金属。日本では戦時中、軍需《ぐんじゅ》用に銅貨を回収《かいしゅう》、錫貨が発行されていました。

プランテーション方式による効率的なゴム栽培《さいばい》は、折からの自動車産業の発展とともに、この地の有力な輸出品に。ここで問題となるのが労働力。マレー系《けい》の人たちは各地で農業に励《はげ》むため、中国南部やインドなどから大量の年季労働者を集めました。年季が明けても彼らは帰国せず、主に都市に集住。港湾《こうわん》関係の仕事や商売を始める者もおり、成功者も少なくありませんでした。これが、この国を複合民族国家とした最大の要因です。

第2次世界大戦中、日本軍は3年間にわたり、この地を占領《せんりょう》。戦後、イギリスはケダーやジョホールなどイスラムの首長国や直轄《ちょっかつ》植民地のマラッカやペナンを併《あわ》せたマラヤ連合を経《へ》てマラヤ連邦《れんぽう》を発足させ、1957年には英連邦内の自治領に。この間、中国系の一部は武装《ぶそう》ゲリラとなってイギリス軍と戦うなど、一時、民族間の対立は激化《げきか》。63年になると、シンガポールや北ボルネオを含《ふく》めたマレーシア連邦が発足しますが、65年、華人《かじん》の多いシンガポールは分離《ぶんり》独立します。

安定に向かった連邦は、錫やゴムに代わって外資を中心に工業化が急伸展《きゅうしんてん》。吸引力《きゅういんりょく》を誇《ほこ》るお手持ちの掃《そう》除機《じき》も、マレーシア製では?

ペラク州のゴム園（1986年）

27

スリランカ民主社会主義共和国

紅茶で一服《いっぷく》、上座部《じょうざぶ》仏教の源流《げんりゅう》

インド半島から垂《た》れ下《さ》がった滴《しずく》のような島国がスリランカ。北海道より一回《ひと》り小さいこの島の名は、今もセイロン。その首都は、世界地理の好きな小学生が競《きそ》って覚《おぼ》えたがるスリジャヤワルダナプラコッテ。1985年にコロンボ東方のこの地へ、国会議事堂が移されたことによるものです。

人口約2100万人の7割がシンハリ語を話す、熱心な上座部《じょうざぶ》仏教徒。ご存《ぞん》じのように、仏教はシルクロードを経《へ》て日本に伝えられた北伝（大乗）仏教と、スリランカを経て東南アジア諸国に伝わった南伝（上座部）仏教があります。

しかし、ジャワ島中部のボロブドゥールは大乗仏教の遺跡《いせき》。他方、カンボジアのアンコールワットは、ヒンズー教の様式を持ちながらも後《のち》に大乗仏教が入ったようで、両者は意外《いがい》に複雑です。

ヨーロッパ勢力はセイロン島へも定石《じょうせき》通り、先はポルトガル、次《つ》いでオランダ、やがてイギリスが植民地に。島中部の丘陵《きゅうりょう》に、今も名品を誇《ほこ》る茶のプランテーションを開きます。しかし、労働力として南インドからタミル系《けい》の人たちを大量に導入《どうにゅう》。後の民族対立の一因《いちいん》ともなります。

この島には仏陀《ぶっだ》が3度も訪《おとず》れたと信じられており、仏教遺跡も多く、特に中部の高原都市キャンディの仏歯寺には、仏陀の歯が祀《まつ》られているとか。

茶業振興（1992年）

タミル系ヒンズー教徒の多い北部を中心に続いてきた、シンハリ系の人たちとの紛争《ふんそう》も収《おさ》まり、近年は観光産業の発展も。

一方、中国の一帯一路政策《せいさく》に組み込《こ》まれ、南岸のハンバントータ港建設の借款《しゃっかん》が焦《こ》げ付《つ》き、中国が港の運営権を向こう99年間獲得《かくとく》。しかし、地元と共に国際的にも批判されます。一見、楽《らく》土《ど》のようなこの島国も、国際社会の動きに敏感《びんかん》なのです。

28

イラン・イスラム共和国

中東の伝統文化を誇《ほこ》る激動《げきどう》の大国

米国の「核合意離脱《かくごういりだつ》」と周辺諸国《しょこく》とのトラブル（2018年）で、にわかにキナ臭《くさ》くなったイラン。

イランと聞いても石油しか思い浮《う》かばない向きも、ペルシャといわれれば、途端《とたん》に正倉院の御物《ぎょぶつ》や古代遺跡《いせき》ペルセポリス、英国の作曲家ケテルビーの名曲に描《えが》かれたバザールのにぎわいなど、豊かなイメージが……。

古代ギリシャとの戦争はともかく、イスラム帝国の一部となったり、モンゴルが侵攻《しんこう》したりと、存亡《そんぼう》の危機《きき》に遭《あ》いながらもその存在を続けてきました。イスラム教の受容後も、アラブ諸国と異《こと》なるシーア派《は》が中心に。しかも、1979年には革命により、「イラン・

イスラム共和国」となります。ここに至《いた》るイランの近現代史には、欧米の関与《かんよ》が見逃《みのが》せません。決定的なのは、20世紀初頭の英国による油田の発見。アングロ・イラニアン石油は莫大《ばくだい》な利益を得ながら、イランはわずかな利権料《りけんりょう》のみに甘《あま》んじていたのです。

第2次世界大戦後、民族主義の高まりの中で首相となったモサディクは、イラン石油の国有化を宣言。もちろん英国が認《みと》めるはずもなく、各国に禁輸《きんゆ》を求めます。経済封鎖《ふうさ》に苦しむイランにひそかに日章丸を送り、石油を買い付けたのが出光興産《いでみつこうさん》。イラン国民の大歓迎《だいかんげい》を受けます。この義侠心《ぎきょうしん》と商魂《しょうこん》の持ち主こそ、百田尚樹の小説『海賊《かいぞく》とよばれた男』のモデル、出光佐三《さぞう》。

イスラム革命3周年。新国旗(1982年)

しかし、モサディク失脚《しっきゃく》後、パーレビ国王の独裁《どくさい》が始まります。国民の不満をバネにイスラム原理主義の聖職者たちは、あのイスラム革命を起こし、米国に逃《のが》れた国王の引き渡しを要求。1年以上も米国大使館員を人質とし、米国と対立しました。その後も核《かく》問題や親米諸国との対立は激化《げきか》。米国とイラン双方《そうほう》に絆《きずな》を持つ日本は今、仲裁者《ちゅうさいしゃ》の立場にありそうです。

29

カタール国

石油と観光と――ペルシャ湾《わん》の半島国家

東京オリンピックのマラソンが突如《とつじょ》、北海道の札幌に変更《へんこう》された契機《けいき》となった舞台《ぶたい》が、このカタール。首都ドーハで2019年9月下旬《げじゅん》に行われた世界選手権《せんしゅけん》女子マラソンでは、68人中28人が途中棄権《とちゅうきけん》したといいます。これは夜中に開催されましたが、スタート時の気温が32・7度、湿度が73・3%とか。翌年夏の東京も日中はこれ以上だったので、国際オリンピック委員会のバッハ会長の心境も理解できるでしょう。

カタール国はアラビア半島の東部、ペルシャ湾《わん》に突《つ》き出た、紀伊《きい》半島よりやや小さな半島国家。国土の大半には、岩と砂丘《さきゅう》が連《つら》なります。緯度的《いどてき》には台湾北端《ほくたん》に当たり、亜《あ》熱帯高圧帯下に。

ペルシャ湾西岸は、第1次世界大戦までオスマントルコの勢力が及《およ》び、イスラムの首長たちが治《おさ》めていました。しかし、戦後は英国の保護領となります。

第2次世界大戦後、付近の首長国を集めた連邦《れんぽう》への参加が取《と》り沙汰《ざた》されましたが、豊かな石油や天然ガスを背景《はいけい》に1971年に独立。翌年、いわゆる開明君主のハリファ首長が無血クーデターにより政権を握《にぎ》ると、油田の国有化をはじめ、近代化政策《せいさく》を精力的に推進。その後、皇太子《こうたいし》ハマドが首長となり、女性の選挙権を認《みと》めるなど、民主化を進めます。2013年には息子のタミームに譲位《じょうい》。石油や天然ガスの枯渇後《こかつご》を見据《みす》えて、急速な観光開発を進めます。

一方、地方の諸集落は主に海に面しており、伝統的な生活様式も見られますが、これもまた観光資源《しげん》に。

首都ドーハ。独立8周年を記念（1979年）

ドーハの巨大《きょだい》なビル群や観光施設《しせつ》の建設には、主にインド、パキスタン、フィリピンからの出稼《でかせ》ぎ労働者が従事《じゅうじ》。定住する者も多く、人口280万を超《こ》えるこの国は一種の多民族国家となっています。

30 アラブ首長国連邦

石油が支《ささ》える「奇《き》跡《せき》の新《しん》興《こう》国《こく》」

アラビア半島の南東部、ペルシャ湾《わん》に臨《のぞ》むアラブ首長国連邦《れんぽう》は「UAE」とも呼《よ》ばれる新興国《しんこうこく》。首都アブダビや観光都市ドバイには、成田や関空から毎日、直行便が出発します。乗客はビジネスマンとともに観光客の姿《すがた》も。

西隣のカタール国と同様、第2次世界大戦直後まで英国の保護領で、「休戦海岸《トルーシャルコースト》」と呼《よ》ばれていました。1853年に英国と沿岸《えんがん》の首長諸国《しょこく》との間で交《か》わされた、海賊行為《かいぞくこうい》の禁止に関する休戦協定に由来。当時、首長国の人々のなりわいは、バーレーンを中心とした天然真珠《しんじゅ》の採取《さいしゅ》などのほか、海賊もその一つだったようです。

1960年代から70年代に切手収集《しゅうしゅう》を経験された方《かた》は、シャルジャやウンム・アル・

カイワインなど、大型で派手《はで》な切手を見掛《みか》けられた覚《おぼ》えが……。これらは、ある国の切手商が首長国から切手発行権《はっこうけん》を得たとかで、ジュニア向きに売り出したもの。独立前夜の混乱《こんらん》を示しています。そのため、正規《せいき》の切手とは見なされない場合が多いようです。

英国は68年からの撤退《てったい》に先立ち、湾岸《わんがん》の首長国を連邦にまとめて独立させようとしますが、カタールやバーレーンは石油資源《しげん》を背景《はいけい》にそれぞれ独立。ドバイやアブダビなど石油資源を持つ首長国を核《かく》に、独り立ちの困難《こんなん》な首長国を含《ふく》めた現在の連邦成立は72年。

特にドバイは有能な首長に恵《めぐ》まれ、石油資源の枯渇《こかつ》に備《そな》え、その収入を観光事業や商業活動に投資し、近代都市に急成長。日本企業も３００社以上が進出しています。

海底油田の採掘（1975年）

アブダビも同様で、巨大《きょだい》な美しいモスクをはじめ、ゴルフ場やショッピングモールなどが多くの観光客を引きつけています。当初、危《あや》ぶまれたこの人口約９７７万人のＵＡＥは、石油収入を効果的に活用しつつ、奇跡《きせき》の発展を続けています。最近は、火星探査機《たんさき》ホープを日本から打ち上げるなどの離《はな》れ技《わざ》も。

31 サウジアラビア王国

アラブ世界の盟主《めいしゅ》を目指《めざ》す

インド半島とほぼ同じ広さのアラビア半島。その過半《かはん》を占《し》めるサウジアラビアは「サウド家のアラビア」を意味しています。サウド家は首都リヤドを拠点《きょてん》に、まさに現代のアラブ版戦国時代を勝《か》ち抜《ぬ》いた覇者《はしゃ》といえるでしょう。

サウド家が最後に目指《めざ》したのが、イスラムの聖地《せいち》メッカとメジナのあるヒジャーズ地方。かつてこの地にはトルコの勢力が及《およ》んでいましたが、映画にもなった「アラビアのロレンス」の活躍などもあって、英国の勢力下に。サウド家はロレンスに従《したが》った部族をも制《せい》し、1932年に王国として統一を完成します。

サウジアラビアは、イランなどのシーア派《は》と対立的なイスラム教のスンニ派に属《ぞく》し、特に厳格《げんかく》なワッハーブ派を国教としています。メッカ、メジナは世界中のイスラム教徒の巡礼地《じゅんれいち》。ここを守護《しゅご》することは宗教上の権威《けんい》を高めるとともに、経済的なメリットも絶大です。

しかし、現代のこの国の主な財源《ざいげん》は石油。アラビア半島の西部は2000~3000メートル級の山地や高地で、東部のペルシャ湾《わん》に向かう広大な乾燥地帯《かんそうちたい》は緩《ゆる》やかに傾斜《けいしゃ》。湾岸近くから湾内にかけて大油田地帯が広がります。油徴《ゆちょう》（原油の存在を意味する兆候《ちょうこう》）は早くから知られ、第2次世界大戦前には米国の石油会社が利権《りけん》を獲得《かくとく》。石油も発見されましたが、その輸出は戦後、アラムコと改称《かいしょう》された石油会社によるものです。

1950年には収益《しゅうえき》が王国側と折半《せっぱん》されます。その後、国営化されたこの会社は最近、リヤドの証券取引所に株式が上場されて話題に。アラムコの企業価値は、日本の国家予算の2年分に当たる200兆円以上とか。その収益を使って、石油依存《いそん》の経済からの脱却《だっきゃく》を目標に、産業の多様化が目指されています。

聖地メッカの巡礼者たち（1979年）

32

アルメニア共和国

念願の独立を果たして

カフカス山脈の南側にある小国アルメニアは、洋酒通の向きは「アルメニアンコニャック」で、クラシックファンは「剣《つるぎ》の舞《まい》」の作曲者ハチャトゥリアンの祖国として、おなじみのはず。

今でこそ九州より一回り狭《せま》いこの国も、古代には堂々たる大国で、今も切手に見られる独自の文字を持ち、東方正教会のアルメニア正教の国となってきました。

しかし、ペルシャやアラブ、さらにトルコに征服《せいふく》され、一部は南下政策《せいさく》を取るロシアの属領《ぞくりょう》に。そのため、300万の国民とほぼ同数が故郷《こきょう》を離《はな》れ、各国で商業の民などとして知られています。1991年、ソ連の崩壊《ほうかい》で念願の独立を達成しましたが、20世紀初頭、帝政《ていせい》ロシアの崩壊時にも短期的ながら独立し、切手も発行していました。しかし、数年後にソ連に吸収《きゅうしゅう》され、ソ連邦の構成国の一つとなります。

この地方のやや詳《くわ》しい地図を見ると、この国の南西にナヒチェバン自治共和国があります。これはアゼルバイジャン共和国の飛び地。一方、アゼルバイジャンにはナゴルノカラバフ自治州があり、アルメニア人が多く居住します。91年の独立当初、その領有権を巡《めぐ》って両国の紛争《ふんそう》が起《お》きましたが、双方《そうほう》が自治を認《みと》め合うことで、ひとまず落ち着きました。

さて、アルメニアの首都エレバンは〝庭園都市〟と呼《よ》ばれる美しい街。南方50キロほどにアララト山が望《のぞ》めます。ちょうど山梨県の甲府郊外《こうがい》から富士山を眺《なが》める感じでしょうか。5000メートルを超《こ》えるこの山は、旧約聖書でノアの箱舟《はこぶね》が漂着《ひょうちゃく》したとされる聖なる山。しかし、今はトルコ領。アルメニアの人々は、異国《いこく》の山をただ仰《あお》ぎ見るしかないようです。

アララト（アール）山（1921年）

【寄稿】

「牧口先生と斎藤先生と私」

奈良教育大学名誉教授　岩本廣美

1、本書の刊行を寿《ことほ》ぐ

牧口常三郎先生の生誕年である1871年（明治4年）から数《かぞ》えて150年の佳《か》節《せつ》を迎《むか》えるこの2021年、牧口先生の著書に関する本書『「人生地理学」からの出発』が刊行されました。地理学者としての牧口先生に深い関心を持つ者の一人として、まことに喜びに堪《た》えません。しかも、著者の斎藤毅《さいとうたけし》先生は、私が長らく指導を仰《あお》いできた恩師ですので、斎藤先生の変わらぬご健筆《けんぴつ》ぶりに接《せっ》することにもなり、二重《にじゅう》の喜びをかみしめています。

折しも、今、人類の生きるこの世界は新型コロナウイルスの大流行の渦中《かちゅう》にあり、私たちは、人類や世界の行く末《すえ》を見ていくための新たな枠組《わくぐ》みを再構築することが求められています。こういうときこそ、私たちは、碩学《せきがく》の言に耳を傾《かたむ》け、世界を見ていくための原点に立ち返ることによって困難《こんなん》を乗《の》り越《こ》える方途《ほうと》を見いだせるのではないでしょうか。本書のタイトルから、そうした期待を抱《いだ》かずにはおれません。

牧口先生の『人生地理学』は、出版された1903年当時、類書《るいしょ》のない画期的なものだったことから反響が大きく、多くの読者を得て版《はん》を重《かさ》ねました。「人生」とは「人間生活」のことであり、人間は自然と関《かか》わり合いながら自身の生活を築《きず》き、また、国際交流も進めていくべきである、というのが『人生地理学』の主張であったはずです。こうした見方は当時きわめて斬新《ざんしん》なものでした。本書の刊行には、そういう『人生地理学』を現代に蘇《よみがえ》らせた意義があると思われます。

2、地理学、地理教育がなぜ重要なのか

地理学とは、本書によれば、「自分はどこにいるのか」「自分はどこへ行くのか」という生きていくための根本的な問いに答える学問です。キーワードは「どこ」です。「自分がどこにいるのか」を知ることは、自身の拠《よ》って立つ大地が世界のどこにあるのかを客観的《きゃっかんてき》に知ることです。「自分はどこへ行くのか」とは、本書では「死後の世界の話」と述べられていますが、私なりに「深読《ふかよ》み」してみますと、自身が大地に根差《ねざ》してより良き人生をまっとうしていくための戦略、生涯設《せっ》計《けい》のことだろうと考えます。となれば、10年後、20年後の自身の拠って立つ大地のありようを構想する際に地理学はおおいに寄与《きよ》するものと期待します。そこでは、当然のことながら、自身の死後についても具体的な設計が求められるでしょょ

う。本書のテーマである「自己《じこ》を知り、豊かな世界像を築く」への貢献《こうけん》こそ、地理学の存在理由だろうと思われます。

地理学は、歴史学との役割分担《ぶんたん》から考えると、歴史学を時間軸《じく》とすれば、地理学は空間軸であり、時間・空間の座標《ざひょう》の中に個々の事実を位置付けていくことによって、この世界の広がりをいっそう的確《てきかく》に把握《はあく》できるに違いありません。地理学と歴史学が協力し合えば、私たちが生きている現代の世界をより的確に捉《とら》えることができるといえそうです。例《たと》えば、新型コロナウイルスの世界的大流行に関わって、昨今頻繁《ひんぱん》にニュースで報道される国のひとつにインドがありますが、インドの歴史に加えて、インドという国の地理学的把握ができているかどうかは、ニュースの背後《はいご》にあることがらへの理解に大きく影響《えいきょう》するに違いありません。

地理教育の目的は、本書では、子どもの頃に芽生《めば》えた身の回りの地理に対する漠然《ばくぜん》とした理解を、子ども自身が成長の過程《かてい》でより正確なものに再構成し、頭の中に世界像を形成していくことの支援《しえん》であると述べられます。また、その拠って立つ見方が科学的世界観です。幼児は、物語の主人公と自身とを重《かさ》ね合わせてとらえることが一般的ですが、そうした幼児的世界観から段階を追《お》って科学的世界観に基《もと》づいた世界像を頭の中に形作《かたちづく》っていく過程に寄与するのが地理教育です。その過程で、地名はひとつの道具・手段になり、また、地図の助けも重要になるでしょう。

3、読者の方々に、特におすすめする論点

私は、斎藤先生の書かれた地理学や地理教育に関する学術書や学術論文をいくつも拝見してきましたが、いずれも専門用語・概念《がいねん》を駆使《くし》した高度な内容のものばかりでした。しかし、本書は、一般の方《かた》に少しでも理解していただこうと、平《へい》易《い》な文章表現で執筆《しっぴつ》されていることが大きな特徴《とくちょう》です。また、できるだけ具体的な例を挙《あ》げながら、学問的に高度な内容をかみ砕《くだ》いて記述《きじゅつ》されていることも見逃《みのが》

せません。こうした特徴だけでなく、内容的には注目すべき点が三つあるように私には思われます。

一つ目は、斎藤先生が、学校教育の役割を的確にとらえられている点です。専門分野の地理学と関わる地理教育に関する箇所はもちろんのこと、国語を学ぶことの重要性や、最近、小学校に教科として導入《どうにゅう》された外国語を学ぶことの意義などについて述べている箇所など、誰《だれ》しもがおおいに考えさせられる部分です。斎藤先生は、東京学芸大学在任中《ざいにんちゅう》に、附属《ふぞく》小学校の校長を兼務《けんむ》されていたこともありますので、斎藤先生の子どもを見る視点《してん》は確かです。

二つ目は、斎藤先生が「南方」、すなわち熱帯・亜熱帯地域に強い関心を持たれている点です。斎藤先生は、神奈川県鎌倉市の湘南《しょうなん》海岸の近くで幼《おさな》い頃から過《す》ごされ、南の海への関心はまず湘南海岸で育《はぐく》まれたものと思われます。鹿児島大学在任中は、フィールドワーク研究のために、トカラ列島をはじめとする南西諸《しょ》島《とう》の有人島に「すべて行《い》った」とお聞きしています。簡単なことではなかったはずです。サンゴ礁《しょう》のある島嶼《とうしょ》地域への関心はとくに強く、私も幾度《いくど》となく話をお聞きしてきました。台湾や東南アジアなどにも足を延《の》ばされました。こうした経《けい》緯《い》から、斎藤先生は現在もなお、熱帯・亜熱帯地域への関心が強いように思われます。第8章「自然美と新しい風景観」には、斎藤先生の「南方」への関心がとくに端的《たんてき》に表《あらわ》れているように読み取れます。

三つ目は、文章の間に挟《はさ》まれた日本や世界各国の切手です。本書に掲載《けいさい》されている美しい図案《ずあん》の切手は、すべて斎藤先生が収集《しゅうしゅう》されたコレクションの一部です。この点は、他の書物にはない大きな特色であり、本書の価値をいっそう高めています。斎藤先生は、地理学者としてばかりでなく、切手収集家としても著名な方《かた》です。ただ、斎藤先生の場合、切手の収集が目的というよりは、切手の図案に描《えが》かれた内容に、その時代、その国・地域を象徴《しょうちょう》することがらを読み取ろうとされているように見えます。「切手で築こう　現代の世界像」と冠《かん》した章はもとより、他の章でも随所《ずいしょ》に切手が配置《はいち》されています。描かれた内容に目を向けると、切手の背後にあることがらが読み取れ、本書の内容をいっそう深く読み込めます。

4、斎藤先生と私

私事になりますが、私が斎藤先生に出会ったのは、大学院修士課程《かてい》に進学したときでした。1977年4月のことです。斎藤先生は、それまで12年間勤《つと》められた鹿児島大学から東京学芸大学に異動《いどう》されてきました。当時の私が所属していた地理学教室では、地理学の思想に関する講義をされる方《かた》がおられませんでした。そうした中で、斎藤先生は地理学の思想を扱《あつか》った講義に積極的に取り組まれ、その中で牧口先生や『人生地理学』を取り上げられたことを鮮明《せんめい》に記憶しています。当時の地理学界では、牧口先生や『人生地理学』に関する研究はあまり進んでいなかった状況でしたので、斎藤先生がいかに先見《せんけん》の明《めい》を持たれていたかが、今になってよくわかります。本書でも述べられていますように、斎藤先生は、鹿児島大学に勤務されていたときに、すでにご自身の研究の過程で『人生地理学』の存在に気付かれ、また、牧口先生が、日本民俗学《みんぞくがく》創始者の柳田國男《やなぎたくにお》や5千円札の肖像《しょうぞう》になった新渡戸稲造《にとべいなぞう》などとの関わりをもたれていたことを把握《はあく》されていました。そうしたご自身の知見《ちけん》の一端《いったん》を東京学芸大学での講義の中でも示されたことになります。私は、斎藤先生の講義を受けてただちに牧口先生の研究に向かうことはありませんでしたが、心の中では、でき得るならば、いつの日か、牧口先生の地理学に関する論文を書いてみたいという淡《あわ》い願望《がんぼう》が芽生えたことは確かです。そのため、以降は折《おり》に触《ふ》れて、『人生地理学』の文庫版や『牧口常三郎全集』など、牧口先生に関する書籍を買い集め、読み進めていきました。論文を構想し、実際に執筆にチャレンジしたのは、『牧口常三郎全集』が完結した1996年のことです。翌97年に斎藤先生が東京学芸大学を定年退職されるときでした。「牧口常三郎の地理教育論と『学習経済』―地図学習指導論を中心に―」というタイトルの論文を書き、学術雑誌に投稿しました。今になって読み返すと、いかにも拙《つたな》い論文ですが、斎藤先生の講義を拝聴《はいちょう》して以来、私にとっては「20年目の宿題」をやっと果《は》たしたことになりましょう。

斎藤先生は、東京学芸大学に着任されて以降も、地理学研究の方法としてフィールドワークに積極的に取り組まれました。斎藤先生のご指導による現地観察会などに私が同行させていただいたところだけでも、鎌倉市のほか、京都市、山梨県丹波山村《たばやまむら》などいくつもあります。今改《あらた》めて振《ふ》り返《かえ》りますと、フィールドワークで斎藤先生が重視《じゅうし》されていたことは、眼前《がんぜん》の地域を象徴するようなことがらであったように思われます。例えば、鎌倉市に稲村ケ崎《いなむらがさき》という海岸がありますが、その付近の砂浜に立ったときに、斎藤先生は砂の色が黒いことに注目するよう示唆《しさ》されました。私には、その理由が思い当たらなかったのですが、斎藤先生は、稲村ケ崎付近の砂には川が運んできた砂鉄《さてつ》が含《ふく》まれていると指摘《してき》され、その砂鉄がかつては製鉄《せいてつ》の原料にもなったとの話をされました。稲村ケ崎付近の海岸は、私にとっては、海水浴場のひとつに過ぎなかった場所でしたので、地域を見る目が一変したことをよく覚えています。

斎藤先生が今後も益々《ますます》ご健筆を振《ふ》るわれることを心から願いつつ、筆を擱《お》きます。

いわもと・ひろみ　1954年、東京生まれ。1991年10月より奈良教育大学助教授、2007年4月より同教授。現在、奈良教育大学名誉教授。著書に『フィールドで伸びる子どもたち』（日本書籍、1989年）、『地理教育の方法』（古今書院、2009年、分担執筆）など。

牧口常三郎先生　略年譜

＊年齢は、満年齢。＊「事項」欄の「▽」には、関連事項と一般事項を記載。

年	年齢	事項
1871（明治4）	0歳	旧暦6月6日　柏崎県刈羽郡荒浜村に、父渡辺長松、母イネの長男として誕生。名は長七。
1877（明治10）	5歳	5月9日　牧口善太夫の養嗣子となる。善太夫の妻トリは、父長松の妹。
1883（明治16）		この頃　養父母の善太夫・トリと共に、もしくは、相前後して、北海道の小樽へ移住。その後、4年間、小樽警察署の給仕として働く。
1889（明治22）	17歳	▽2月11日　大日本帝国憲法発布。 4月20日　郡長の推薦で北海道尋常師範学校に入学。
1890（明治23）	19歳	▽10月30日　「教育ニ関スル勅語」発布。
1893（明治26）	21歳	1月11日　名を正式に常三郎と改める。 3月31日　北海道尋常師範学校本科卒業。同日、附属小学校の訓導となる。

1895（明治28）	24歳	この年　牧口熊太郎の次女クマと結婚。
1896（明治29）	25歳	6月10日　文部省中等学校教員検定試験に合格し、尋常師範学校・尋常中学校・高等女学校の地理地誌科の教員免許状を授与される。地理科では北海道初の合格者。
1897（明治30）	26歳	11月1日　北海道尋常師範学校の助教諭（地理科担当）に任命される。同校附属小学校の訓導も兼務。牧口の担当は、尋常科（単級教室）から高等科に変わる。
1899（明治32）	27歳	5月29日　文部省から小学校教員普通免許状（全国で通用する小学校本科正教員の免許状）が授与される。
	28歳	7月4日　北海道師範学校附属小学校主事事務取扱（実質的な校長職）に任命される（翌年1月9日まで）。
		10月5日　北海道教育会幹事となる。
1900（明治33）		1月12日　北海道師範学校舎監に任命される。
		3月28日　文部省中等学校教員検定試験（教育科）に合格し、師範学校・高等女学校の教育科教員免許状を授与される。
1901（明治34）	29歳	3月31日　北海道師範学校教諭に任命される。
		4月18日　北海道師範学校を退職。
		4月24日　札幌駅から東京へ出立。5月1日　東京に到着。
		5月19日　嘉納治五郎が創立した講道館へ入門。

1902（明治35）	30歳	3月頃	金港堂に就職。
		4月下旬頃	斎藤弔花が金港堂に就職。牧口は、斎藤弔花に尾崎行雄への紹介状を書いてほしいと頼み、斎藤は快く引き受ける。数日後、尾崎には会えなかったが、地理学者の志賀重昂の知遇を得たことを斎藤に報告。
1903（明治36）	31歳	2月頃	金港堂を退職。三河方面に滞在していた志賀を訪ね、持参した後の『人生地理学』の校正刷を見せて批評を依頼する。志賀は快諾し、以降半年余りにわたり、校閲批評にあたる。
	32歳	**10月15日**	**『人生地理学』を出版。後日、41の新聞・雑誌に書評が掲載され、大きな反響を呼ぶ。同書を読んだ新渡戸稲造から励ましの手紙を受け取る。**
		10月25日	『人生地理学』増刷を発行。
		10月28日	『人生地理学』第二版を発行。
		11月25日	『人生地理学』第三版を発行。
1904（明治37）			▽2月10日　日露戦争始まる。
		2月10日	弘文学院（後に「宏文学院」と改称）の講師となり、中国からの留学生に地理を教える。
		3月25日	『人生地理学』第四版を発行。
	33歳	12月頃	『教科日誌　日本地理之部』『教科日誌　外国地理之部』を

		出版。
1905（明治38）		5月28日　大日本高等女学会を神田区三崎町に設立。牧口は主幹に就任。
		6月1日　牧口を編集兼発行人として『高等女学講義』の発行を開始。
	34歳	6月20日　『人生地理学』第五版を発行。
		▽9月5日　日露講和条約調印。
1907（明治40）	36歳	▽7月5日　『人生地理学』を中国語に翻訳した『最新人生地理学』が上海で出版される。
		10月25日　『人生地理学』第六版を発行。
1908（明治41）	37歳	10月18日　『人生地理学』訂正増補第八版を出版。
1909（明治42）		2月2日　麹町区の富士見尋常小学校の首席訓導になる。
1910（明治43）	38歳	5月2日　文部省から教科用図書調査の嘱託に任用される。
	39歳	8月6日　文部属に任用され、文部省文部大臣官房図書課（1911年5月以降、図書局に改組）に勤務し、地理教科書の編纂等に従事する。
		11月3日　『人生地理学』訂正増補第九版を発行。
		▽12月4日　新渡戸稲造・柳田國男等により、郷土会が発足。
1911（明治44）		5月12日〜15日　柳田國男と共に山梨県南都留郡道志村を踏査。この

1912（明治45／大正元）			頃から郷土会に参加。
	41歳		▽7月30日　明治天皇が崩御し、元号が大正となる。
		9月25日	『人生地理学』訂正増補第十版を発行。
		11月23日	『教授の統合中心としての郷土科研究』を出版。
1913（大正2）		1月22日	『教授の統合中心としての郷土科研究』再版を発行。
		4月4日	文部省を退職し、東盛尋常小学校の第6代校長に就任。併設の下谷第一夜学校の校長も兼任する。
	42歳	10月12日	『教授の統合中心としての郷土科研究』第三版を発行。
1914（大正3）	43歳	6月15日	『教授の統合中心としての郷土科研究』第四版を発行。
			▽8月23日　日本はドイツに宣戦布告し、第一次世界大戦に参戦。
		9月25日	『人生地理学』訂正増補第十一版を発行。
1915（大正4）		5月5日	『教授の統合中心としての郷土科研究』第五版を発行。
	44歳	8月20日	『教授の統合中心としての郷土科研究』第六版を発行。
1916（大正5）		5月2日	大正尋常小学校の初代校長の任命を受ける。東盛尋常小学校長も兼任。
	45歳	9月25日	『地理教授の方法及内容の研究』を出版。
		10月1日	『地理教授の方法及内容の研究』再版を発行。
		12月22日	東盛尋常小学校長の任を解かれ、大正尋常小学校専任となる。

年	年齢	月日	事項
1917（大正6）	46歳	2月10日	『地理教授の方法及内容の研究』第三版を発行。
1918（大正7）	47歳	3月31日	大正尋常夜学校が付設され同夜学校の校長を兼任する。
			▽11月11日　第一次世界大戦終わる。
1919（大正8）	48歳	3月26日	ジョン・デューイ、東京市小学校長会で「教育の社会的方面」と題する講演を行う。牧口もこの校長会に参加していたと考えられる。
		12月22日	西町尋常小学校の第6代校長に着任。
1920（大正9）	49歳	1月頃	戸田甚一（後の戸田城聖）が牧口宅を訪問。後日、戸田を臨時の代用教員として採用する。
		3月	東京市小学校教員会の評議員に当選する。
		6月22日	三笠尋常小学校の第8代校長に任命される。三笠尋常夜学校校長も兼任。
			▽12月　戸田が三笠尋常小学校の訓導に採用される。
1922（大正11）	51歳	4月15日	白金尋常小学校の第9代校長に任命され、同月19日に着任する。
		11月19日	戸田と共に、慶應義塾大学・三田大講堂で行われたアインシュタインの講演会を聴講する。
1923（大正12）	52歳	5月25日	『教授の統合中心としての郷土科研究』改訂第八版を出版。
		7月12日	『増訂縮刷・人生地理学　前編』を出版。

1924（大正13）	53歳		▽9月1日　関東大震災
		この年	戸田の学習塾「時習学館」の新築落成式に出席。
1925（大正14）			▽4月22日　治安維持法公布。
			▽5月5日　改正衆議院議員選挙法（普通選挙法）公布。
1926（大正15／昭和元）	55歳		▽12月25日　大正天皇が崩御し、元号が昭和になる。
1928（昭和3）	57歳	この年	三谷素啓を訪ね日蓮仏法の話を聞く。その後、思索と研究を重ねて、日蓮の仏法に帰依する。後に戸田も帰依する。
			▽6月頃　戸田は城文堂を設立。
1929（昭和4）	58歳		
1930（昭和5）		2月頃	自らの教育学説について戸田と協議し、その目的が価値創造であることから、「創価教育学」と命名する。
		3月頃	小冊子『創価教育学大系概論』を頒布。
	59歳	6月25日	戸田城外著『推理式指導算術』に牧口の「序」が掲載される。
		10月	『創価教育学体系』第一巻の「緒言」を執筆。
		11月18日	『創価教育学体系』第一巻（第一編　教育学組織論・第二編　教育目的論）を出版。
		11月20日	『新進教材　環境』第1巻第9号（城文堂）に「創価教育学緒論」を掲載。同号は創価教育学号となっており、犬養毅による「賛『創価教育学』」の趣意文と創価教育学支援

		会の名士の名前も掲載されている。
1931（昭和6）		1月12日　『創価教育学体系』の出版記念の会を帝国教育会館で開催。 3月5日　『創価教育学体系』第二巻（第三編　価値論）を出版。 4月10日　東京市麻布新堀尋常小学校の校長へ転任の辞令が下る。 ▽9月18日　満州事変始まる。
1932（昭和7）	60歳	3月31日　麻布新堀尋常小学校の廃校に伴い、教職から離れる。 ▽5月15日　五・一五事件起こる。犬養毅首相暗殺。
1933（昭和8）	61歳	7月15日　『創価教育学体系』第三巻（第四編　教育改造論）を出版。 ▽3月27日　国際連盟脱退についての詔書発布。 4月5日　『教授の統合中心としての郷土科研究』改訂増補第十版を出版。
	62歳	10月9日　東京市教育局の嘱託となる（1938年3月31日まで）。 ▽10月16日　新渡戸稲造が死去。 11月9日・10日　帝国教育会全国教育者大会に出席。
1934（昭和9）		▽2月頃　城文堂は社名を日本小学館に変更する。 4月頃　牧口を中心として日本小学教育研究会が結成される。
	63歳	6月20日　『創価教育学体系』第四巻（教育方法論　上）を出版。
1935（昭和10）		春頃　小冊子『創価教育学体系梗概』を頒布。この頃、創価教育学会研究部の研究所長になる。

1936（昭和11）	64歳		▽2月26日　二・二六事件起こる。
		4月頃	「創価教育学会綱領」の「本会の目的」に「宗教革命」が加えられる。
	65歳	7月29日	『創価教育学体系』第五巻の原稿を書き上げたことを報告。
1937（昭和12）	66歳		▽7月7日　日中戦争始まる。
		9月5日	小冊子『創価教育法の科学的超宗教的実験証明』を頒布。
1938（昭和13）			▽4月1日　国家総動員法公布。
1939（昭和14）	67歳		▽4月8日　宗教団体法公布。
		4月9日	歓喜寮で行われた御講の後の懇談会で、創価教育学に基づく学校の設立について語る。
			▽9月1日　第二次世界大戦始まる。
	68歳	12月23日	創価教育学会第一回総会を麻布区の菊水で開催。約60人が出席。
1940（昭和15）	69歳		▽9月27日　日本・ドイツ・イタリアが三国同盟を締結。
			▽10月12日　大政翼賛会が発会。
		10月	創価教育学会の本部を神田区錦町に開設。
		10月20日	創価教育学会の臨時総会を九段の軍人会館で開催。約３００人が出席。会長牧口、理事長戸田をはじめとした役員が正式に決定される。

1941（昭和16）	70歳		▽3月10日　改正治安維持法公布。
		4月20日	創価教育学会の臨時総会を神田の共立講堂で開催。
		7月20日	創価教育学会の機関紙『価値創造』を創刊。
		11月2日	創価教育学会の年度総会を神田の帝国教育会館で開催。約400人が出席。
			▽12月8日　日本軍がハワイ・真珠湾などを攻撃。太平洋戦争が始まる。
1942（昭和17）	71歳	5月10日	『価値創造』第9号発行（これをもって廃刊となる）。
		5月17日	創価教育学会の第四回総会を神田の帝国教育会館で開催。約400人が出席。
		11月22日	創価教育学会の第五回総会を神田の帝国教育会館で開催。約600人が出席。
1943（昭和18）	72歳	春頃から	「学会は発迹顕本しなくてはならぬ」と口癖のように語る。
		5月2日	創価教育学会の第六回総会を神田の帝国教育会館で開催。約700人が出席。
		5月	東京・中野署に約1週間留置され、神札問題について取り調べを受ける。
		6月27日	日蓮正宗宗務院からの緊急の呼び出しを受け、戸田等幹部6人と共に大石寺へ出向く。「神札を一応受けるように会員

			に指示するようにしてはどうか」との申し渡しに、「神札は絶対に受けません」と断言した。
		6月28日	再度法主日恭に直諫。「国家諫暁」に立ち上がることを求める。
1944（昭和19）	73歳	7月6日	朝、静岡県の下田方面、須崎の田中福蔵宅で、下田警察署の刑事らに身柄を拘束され、同署内に留置。容疑は、治安維持法違反ならびに不敬罪。同日早朝には、理事長の戸田が芝区白金台の自宅で検挙される。
		7月7日	東京の警視庁に移送され、地下留置場の雑居房に入れられる。
		9月25日	警視庁における特高二課の訊問を終え、豊島区西巣鴨の東京拘置所に移される。移送の直前に戸田と会う。
		9月30日	獄中から最初のはがきを出す。
		10月13日	獄中から最後のはがきを出す。
		11月17日	夕方に牧口危篤の電報を豊島区目白町の自宅で三男洋三の妻・貞子が受ける。すぐに拘置所へ向かい牧口と対面する。
		11月18日	早朝、東京拘置所の病監で逝去（享年73）。 ▽11月20日　10人前後の親族知人が出席して葬儀を行う。

＊「創価教育の源流」編纂委員会編『評伝 牧口常三郎——創価教育の源流 第一部』（第三文明社）より抜粋

【参考文献】

本書の性格上、ここでは単行本を中心とした引用文献を紹介します。
学術雑誌等の論文を特に引用した場合は、本文中に直接、引用文献を記してあります。

・イーフー・トゥアン、小野有五・阿部一共訳『トポフィリア――人間と環境』せりか書房、１９９２年
・内村鑑三、鈴木範久訳『代表的日本人』岩波文庫、１９９５年
・内村鑑三『地人論』岩波文庫、１９４２年
・鎌倉遺跡研究会編『鎌倉と日蓮大聖人』新人物往来社、１９７６年
・川添昭二『日蓮と鎌倉文化』平楽寺書店、２００２年
・イマヌエル・カント、三枝充悳訳『自然地理学』、『カント全集』第15巻所収、理想社、１９６６年
・國松久彌『「人生地理学」概論』第三文明社、１９７８年
・久保田正文『日蓮――その生涯と思想』講談社現代新書、１９６７年
・久米邦武編、田中彰校注『特命全権大使　米欧回覧実記』岩波文庫、１９８２年
・J.E.Kloetzel (ed.)：Scott 2006 Standard Postage Stamp Catalogue , Scott publishing co. 2005
・クライド・クラックホーン、光延明洋訳『人間のための鏡』サイマル出版会、１９７１年
・小林忠雄『ニュー・カレドニア島の日本人――契約移民の歴史』カルチャー出版社、１９７７年

・斎藤毅『探検教育で子どもが変わる――フィールドワークで築く世界像』農文協（人間選書）、1996年
・斎藤毅『発生的地理教育論――ピアジェ理論の地理教育論的展開』古今書院、2003年
・斎藤毅『世界・切手国めぐり』日本郵趣出版、1997年
・斎藤毅『続 世界・切手国めぐり』日本郵趣出版、2004年
・斎藤毅・塚田公彦・山内秀夫編著『トカラ列島――その自然と文化』古今書院、1980年
・斎藤毅・犬井正『現代の世界像――国際理解のための世界地誌』古今書院、1985年
・佐藤弘夫『日蓮「立正安国論」全訳注』講談社学術文庫、2008年
・サンゴ礁地域研究グループ編『熱い心の島――サンゴ礁の風土誌』古今書院、1992年
・志賀重昂、近藤信行校訂『日本風景論』岩波文庫、1995年
・末木文美士『日蓮入門――現世を撃つ思想』ちくま新書、2000年
・「創価教育の源流」編纂委員会編『評伝 牧口常三郎――創価教育の源流 第一部』第三文明社、2017年
・田中一村『NHK日曜美術館「黒潮の画譜」 田中一村作品集』日本放送出版協会、1985年
・田中克彦『モンゴル――民族と自由』岩波書店（同時代ライブラリー）、1992年
・Keiichi Takeuchi ; Modern Japanese Geography : An Intellectual History , Kokon Shoin , 2000

・田部俊充『アメリカ地理教育成立史研究――モースとグッドリッチ』風間書房、２００８年
・「地域と教育」研究会編『地域と教育――鹿児島の事例を中心に』春苑堂書店、１９７７年
・日蓮、兜木正亨校注『日蓮文集』岩波文庫、１９６８年
・年譜 牧口常三郎 戸田城聖編纂委員会『年譜 牧口常三郎 戸田城聖』第三文明社、１９９３年
・Roger Hart ; Children's Experience of Place, Irvington ,1979
・林屋辰三郎『町衆――京都における「市民」形成史』中公新書、１９６４年
・ジャン・ピアジェ、田辺振太郎・島雄元訳『発生的認識論序説 第3巻――生物学思想、心理学思想、および社会学思想』三省堂、１９８０年
・G・W・F・ヘーゲル、長谷川宏訳『歴史哲学講義 上・下』岩波文庫、１９９４年
・牧口常三郎『人生地理学 1～5』聖教文庫、１９７１～１９８０年
・牧口常三郎『創価教育学体系 Ⅰ～Ⅳ』聖教文庫、１９７２～１９８０年
・南日本新聞社編『日本のゴーギャン 田中一村伝』小学館文庫、１９９９年
・無藤隆『赤ん坊から見た世界――言語以前の光景』講談社現代新書、１９９４年
・矢野暢『日本の南洋史観』中公新書、１９７９年
・吉田一郎『消滅した国々――第二次世界大戦以降崩壊した１８３カ国』社会評論社、２０１２年
・吉田和義『手描き地図分析から見た知覚環境の発達プロセス』風間書房、２０１８年

あとがき

今では忘《わす》れられたかに見える牧口常三郎師32歳の大著《たいちょ》『人生地理学』をひもときながら、その現代へのメッセージを改《あらた》めて受け止め直したのが本書です。

『人生地理学』を再読しながら、地理教育論を長年、研究テーマとしてきた私は、NHKテレビの人気番組「ダーウィンが来た！」を、いつも観《み》ることにしてきました。ここでは、野生《やせい》の鳥類《ちょうるい》やほ乳類《にゅうるい》の真剣な子《こ》育《そだ》ての様子が、しばしば詳《くわ》しく記録されているからです。

これには、私が小学生の頃の一つの鮮《あざ》やかな思い出が……。

《ものいはぬ　四方《よも》の獣《けだもの》　すらだにも　あはれなるかなや　親の子を思ふ》

この源《みなもとのさねとも》　実朝の和歌を、ある先生が作曲。全校の児童が校庭で歌った記憶が印象《いんしょう》深く残っているからです。

実朝が藤原定家《ていか》の指導を受けた詩人でもあり、『金槐《きんかい》和歌集』が編《あ》まれているのを知ったのは、ずっと後のことでしたが。

それはさておき、この〝子育て〟は、野生動物の本能ともいえますが、実《じつ》は〝教育〟でもあります。鳥のひなや動物の子どもたちが、やがて、それぞれ個として、あるいは群《む》れの中で生きていく術《すべ》を与《あた》えるものだからです。

人間ももちろん、ほ乳類。個として生きていくには、一定の〝教育〟が不可欠《ふかけつ》。しかも群れで、つまりは社会生活を営《いとな》む以上、その維持《いじ》のため、生活様式の〝伝承《でんしょう》行動〟がどうしても必要に。それは家庭教育でもあり、学校教育ともなります。〃生活様式〃を文化と言《い》い換《か》えてもよいでしょう。

その伝承された文化をより良いものとし、人々がより幸せになるための新たな工夫、すなわち、価値を加えられる教育、あるいは新たな価値を創造したいと念《ねん》じ、行動する人格を育てる教育——これこそが私の理解する、牧口師の創価教育論の根本原理です。

人間を取り巻く世界の多様な自然環境《かんきょう》や社会の諸形態《しょけいたい》と諸活動を、とりわけ人生（人間生活）との関《かか》わりで地理学的な視点《してん》から見つめつつ示された、牧口師の豊かな世界像こそが『人生地理学』。さらに師は、地理教育を核《かく》として、長年にわたり初等教育に携《たずさ》わられてきました。やがて、日蓮による慈悲《じひ》の意義に改めて気付かれ、欧米の多様な教育論を離《はな》れて独自《どくじ》の創価教育論に達したのではないかと思うのです。

最近でこそ状況はかなり改善されてきましたが、私の院生時代には、地理教育論などは研究に行き詰《づ》まった者が行《おこな》うものだとする風潮《ふうちょう》が一般的。若い研究者からは、ほとんど顧《かえり》みられなかったものです。高校で教鞭《きょうべん》を執《と》られた後、茨城大学へ移られた先輩の故・中川浩一氏（茨城大学名誉教授）は、当時の地理学界で、まさに孤軍奮闘《こぐんふんとう》中でした。

それまで地理教育に関心のなかった私が、その研究の必要性を痛感《つうかん》したのは、鹿児島大学に赴任《ふにん》して間もない頃、附属《ふぞく》小学校で研究授業を参観《さんかん》した時のことです。

社会科の「身近な地域」の学習として、消防署の地図上の記号や、消防署と消防団の違いなどが扱《あつか》われていたものです。何ともショックでした。小・中学生が日本の都道府県やその位置も知らないとして、ジャーナリズムで問題になったのも、この頃のことです。

東京学芸大学に移って以後は、専門の文化地理学の研究を進めながらも、先輩たちと語らって、戦後初めて日本地理学会で地理教育に関するシンポジウムを何回か企画。他方、その関連学会の日本地理教育学会も、より専門性の高いものにすべく、仲間と共《とも》に努《つと》めたのが思い出されます。

私のいた地理学教室を巣立《すだ》ち、聖教新聞社の記者として活躍していた河野《かわの》一弘氏と、何かの折《おり》に聖教新聞への寄稿《きこう》の話が出たので、しばらく諸外国の切手を用《もち》い、世界の国や地域のプロフィルを「切手で築こう現代の世界像」として連載していました。本書にもリライトして収録《しゅうろく》してあります。

その後、雑談の中で、『人生地理学』に話が及《およ》んだことがありました。国際化の推進や〝地球儀《ぎ》を俯瞰《ふかん》した外交〟などの言葉が飛《と》び交《か》っていた頃です。それならばと、牧口師が１００年前に世《よ》に問《と》うた『人生地理学』を改めて読み直し、そのメッセージを受け止めたいと思い、『人生地理学』からの出発」を寄稿することになりました。

本書は、それをもとに、字数の制限などで十分、意《い》を尽《つ》くせなかった部分を増補《ぞうほ》、また新たな章も書き起《お》こし、再構成したものです。

本書の刊行にご尽力《じんりょく》いただいた関係者の皆様に厚《あつ》くお礼を申し上げます。

牧口常三郎師の生誕150周年の佳き日に　斎藤　毅

【著者略歴】

斎藤毅（さいとう・たけし）

1934年、東京生まれ。
理学博士。東京学芸大学名誉教授。専攻は地理学、地理教育論。日本地理教育学会元会長、日本地理学会名誉会員。著書に『漁業地理学の新展開』『発生的地理教育論――ピアジェ理論の地理教育論的展開』など。

牧口常三郎先生 生誕150周年記念

「人生地理学」からの出発

2021年7月6日　初版第1刷発行
2021年9月8日　初版第2刷発行

著　者　斎藤毅
発行者　大島光明
発行所　株式会社　鳳書院
〒101-0061 東京都千代田区神田三崎町2-8-12
電話番号　03-3264-3168（代表）
印刷所　明和印刷株式会社
製本所　株式会社 星共社

Printed in Japan 2021
ISBN978-4-87122-198-6
落丁・乱丁本はお取り替えいたします。小社営業部宛にお送りください。
送料は当社で負担いたします。